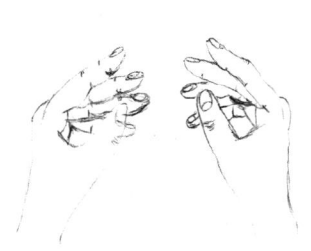

두밀애

조와 울의 가만한 기록

유지이 지음

지은이의 말

'두밀애'는 이 책의 제목이자 여주인공의 이름이다. 사실 어느 성당에 있는 카페 이름이었는데 그것을 너무 좋아해서 화자의 이름으로 만들어 버렸다. 이 책은 보통의 사람처럼 세상을 살아가고 있지만, 잘 들여다보면 평범하지만은 않은 사람의 이야기다.

처음 글을 쓰기 시작했을 때 여러 차례 우여곡절을 겪었다. 출력을 해서 버린 적도 있고, 내가 쓴 모든 글을 컴퓨터에서 찾아내 지워버린 적도 있다. 하지만 머릿속에 지워지지 않고 그대로 남아있는 기억 때문에 다시 글쓰기를 시작했다. 무엇보다 내가 읽고 싶은 책을 만들고 싶었다. 도무지 책을 읽을 수 없었는데, 내가 쓴 글은 읽을 수 있었기 때문이다. 또한 내 아이들이 읽어 봤으면 하는 책을 만들어 보고 싶었다.

용기를 내어 비밀스럽던 내 글을 아이들에게 읽어보게 했다. 내 예상과는 다르게 둘째 아이가 문장이 매끄럽지 않다는 평을 했다.

"고칠 수 있는 것은 다 고쳐줘."

하지만 고3이었던 둘째는 무척 바빴다. 몇 개의 글은 그가 고쳐주었고 나머지는 내가 고칠 수밖에 없었다. 둘째는 내가 고친 글을 수능이 끝나고 읽어보겠다고 했다. 그림을 꼭 넣고 싶어서 첫째에게 부탁을 했다. 그는 군인이지만 틈이 나는 대로 내 글을 읽고 그림을 그려주었다.

완성하기까지 몇 년이 걸렸지만 글을 쓰는 일은 내게 큰 즐거움을 주었다. 글을 쓰면서 스스로 위로를 받았고 치유가 되었다. 끝까지 글을 완성하고 책으로 출판을 할 수 있었던 것은 이렇듯 아이들의 인정 덕분이었다. 이 책을 다 완성하고 나니 이것과는 좀 다른 내용의 글을 써 봐도 좋겠다는 생각이 든다. 어쩌면 이 책이 계기가 되어 또 다른 새로운 이야기를 쓸 수 있지 않을까. 또한 누군가가 이 글을 읽고 따뜻한 느낌과 함께 '나도 써보고 싶다'는 생각을 하게 되면 좋겠다.

밀애 이야기를 세상에 책으로 출판하여 여러 사람들에게 보여줄 수가 있게 되었으니 그동안의 일들이 나에게 큰 축복으로 다가온다. 책이 나오기까지 애써주신 모든 분에게 감사드리며 특히 내 책에 그림을 그려준 첫째 아들과 내 글에 영감을 건네준 둘째 아들에게 사랑한다고 말하고 싶다.

2024년 봄, 유지이

목차

지은이의 말 4 •

설거지 8 •
이불 13 •
연탄 18 •
재래식 화장실 23 •
선생님 28 •
액자 35 •
공책 40 •
딸기 43 •
그네 47 •
벽 53 •
별 58 •
도시락 64 •
신작로 69 •
대학교 문 74 •
심장 81 •
점수 87 •
편지 91 •
개차반 96 •
임신 104 •
국수 109 •
만화책과 편지 113 •

오줌줄 119 •
콘서트 129 •
종이 133 •
황소 140 •
주차장 148 •
성당 153 •
까미 158 •
초인종 164 •
2억 169 •
해 173 •
물컵 그리고 밥그릇 180 •
사인 184 •
오천 190 •
물티슈 196 •
장판 203 •
하얀색 수첩 210 •
캘린더 216 •
커피와 자몽에이드 223 •

편집자의 말 234 •
독자의 말 236 •
삽화가의 말 238 •

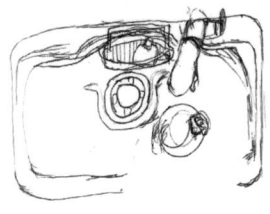

설거지

내가 아주 작고 어렸을 때 있었던 일이다. 그때 나는 학교에 다니지 않았다. 아직 학교에 들어갈 나이가 아니었기 때문이다. 내가 기억하기로 그날은 날씨가 어제보다 맑았는데 하늘에 구름 한 점이 없어 화창하기까지 했다. 그때를 떠올려 보면 다른 어떤 것보다도 중요한 게 한 가지가 있는데 지금의 나에게 있어서도 매우 중요한 것인데 바로 내 마음의 모양새다. 내 마음이 기억 속에서 되살아난다. 내 마음은 아주 커다란 풍선처럼 가볍게 부풀어 있었다. 나는 기분이 좋았다. 뭘 해도 괜찮다고 생각해 노래도 흥얼거렸다.

그날 아침 일찍 우리 엄마가 이웃에 사는 내 친구 집에 다녀오셨다. 우리 엄마의 친구이셨던 내 친구의 엄마가 갑자기 돌아가셨기 때문이다. 엄마는 우리가 아침을 먹고 난 그릇을 설거지도 하지 못한 채 서둘러 친구네 집에 가셨다. 나는 엄마가 가시자마자 부엌으로 들어갔다. 내 예상대로 개수대에는 설거지할 그릇들이 가득 쌓여 있었다. 내가 설거지를 하면 다 할 때까지 시간이 꽤 오래 걸렸다. 그러니 아무리 열심히 설거지를 해봐야 칭찬을 들을 수는 없었다. 다만 할머니께서 내가 설거지를 깨끗하게 잘한다는 말씀을 해주셨을 뿐이다. 보통은 누가 시키지 않으면 설거지를 하지 않았다. 그런 내가 난생처음으로 설거지를 해야겠다고 마음을 먹었다. 오늘은 해가 서쪽에서 떴는지도 모를 일이다. 무엇보다도 크게 물을 틀어놓고 그 소리를 듣고 싶었다. 부엌에 있는 개수대에 쪼그리고 앉아 소매를 걷고 설거지를 시작했다. 수세미에

세제를 묻혀 거품을 내었다. 맨 먼저 컵을 닦아 놓고 밥그릇, 접시, 국그릇, 수저를 하나하나 수세미로 문지른 다음 쌓아 놓았다. 물을 세게 틀고 손으로 세제가 묻은 그릇을 하나씩 깨끗하게 헹구어 건조대 위에 놓았다. 그릇을 헹구는 동안 물이 점점 차가워져서 내 손이 얼얼했다.

설거지를 하는 동안 아무리 떠올려보려고 해도 나를 보면 항상 반갑게 웃어주시던 아주머니의 모습이 생각이 안 났다. 숟가락을 찬물에 헹구고 있던 참이었다. 갑자기 어두운 그림자 하나가 부엌으로 성큼성큼 들어왔다. 힐끗 곁눈으로 보니 엄마였다. 어두운 모습으로 부엌에 들어오는 엄마를 보고 어쩐지 무서운 생각이 났다. 좋지 않은 예감마저 들었다.

'얼마나 상심이 크실까.'

조그맣게 흥얼거리던 노래를 멈추고 설거지한 그릇들을 보면서 엄마에게 무슨 말을 하면 좋을까 생각해 보았다. 엄마의 마음을 헤아려보는 것은 나에게 어려운 일이었기 때문에 지금은 그 어떤 말로도 엄마를 위로할 수가 없을 거라는 생각이 들었다. 그렇다고 해서 내가 그냥 가만히 있을 리가 없었다. 무엇보다 지금의 이 분위기를 바꾸고 싶었다.

평소 나는 생각이 나는 대로 다 말을 해버렸다. 생각하면서 말하면 좋은데 생각이 나는 대로 다 말을 해서 좀 엉뚱하기도 했다. 그때도 갑자기 떠오른 생각을 혼잣말처럼 해 버렸다.

"죽고 싶어서 죽었으니까 행복하겠네."

미소를 지어 보이며 살짝 고개를 들고 엄마를 바라보았다. 엄마는 멈칫거리시더니 침묵을 깨고 입을 여셨다.

"아니야. 살고 싶어 했어."

내게 들리는 엄마의 목소리가 슬프게 느껴졌다. 오늘 아주머니에게 있었던 일을 자세히 알고 싶었던 나는 엄마에게 불쑥 물었다. 내가 정말 궁금해하는 것을 물었다.

"살고 싶은데 왜 죽었어?"

오늘 어떤 일이 있었는지 그 일에 관해 얘기해주었으면 하고 대답을 기다렸다. 예상과 달리 엄마는 짧게 말씀하셨다.

"그러니 억울하지 않겠니."

엄마는 더 이상 아무 말씀도 하지 않으셨다. 나는 엄마에게 더 많은 말들을 하고 싶었지만 그만두었다. 솔직히 말해서 엄마의 대답을 들을 자신이 없었다. 사실 엄마가 오시기 전에 할머니께서 얼핏 하시는 말씀을 들었다.

"돈 때문이지. 그렇다고 약을 먹어? 친척들만 아니었어도 그렇게까지는 안 됐을 텐데…."

할머니가 하신 말씀을 들으니 오늘 어떤 일이 있었는지 충분히 그 상황을 짐작할 수 있었다. 엄마가 직접 다녀오셨으니, 그곳에서 벌어진 일들을 엄마에게 듣는 것이 더 정확하다고 생각했지만, 막상 엄마와 이야기를 나누다 보니 그곳에 다녀온 엄마가 오히려 걱정되었다. 다시 그 일을 떠올리게 하는 것이 엄마를 무척 힘들게 하는 것처럼 여겨졌다. 이제 나는 내 친구가 걱정되었다. 우리 엄마는 살아계시지만 내 친구 엄마는 이제 세상에 안 계셨다.

'가서 위로를 해주어야 하지 않을까.'

아침에 나도 엄마를 따라 내 친구 집에 가보고 싶었는데 갈 수는 없었다. 착하고 여리기만 한 내 친구가 오늘 일을 겪고 잘 견디어 낼지 걱정이 되었다. 어쩌면 아주머니께서도 하늘에서 내 친구를 가장 걱정하고 계시지 않을까 하는 생각도 들어 아주머니께서 아무 걱정 없이 좋은 곳으로 가셨으면 좋겠다고 생각했다.

"엄마, 설거지 다 했어."

"잘했구나."

엄마가 하는 칭찬을 듣고 기분이 좋았다. 쭈그리고 앉아 있다가 개수대에서 일어났더니 다리가 조금 아팠다. 하지만 이 정도는 참을 만했다.

설거지하고 나면 으레 내가 하는 행동이 있는데 그것은 물이 묻은 손을 옷에 닦는 것이었다. 항상 무의식중에 물이 묻은 손을 옷에 닦았다. 젖은 손을 옷에 닦으면 기분이 좋아지곤 했는데 오늘도 젖은 손을 옷자락에 닦으며 부엌을 나왔다. 마당 안은 햇빛이 반사되어 무척 눈이 부셨다. 그 따뜻한 마당에 잠시 섰다가 동생들이 있는 곳으로 놀러 나갔다.

이불

드디어 기다리던 설날이 하루 앞으로 다가왔다. 올해도 어김없이 아빠 쪽 친척들이 모두 모여 집이 북적였다. 나는 항상 친척들이 오시자마자 이렇게 물어보았다.

"언제 가세요?"

"연휴가 끝나는 날 갈 거야."

친척들은 내 물음에 의아한 표정으로 대답했다. 오시자마자 언제 가냐고 물어보는 것이 예의가 아닐 수도 있었다. 하지만 나는 친척들이 오시면 언제 가는지 먼저 알고 싶었다. 서울에 사는 친척들이 우리 집에 왔다가 금세 가 버리는 것이 무척 아쉽고 서운했기 때문이다. 친척들이 가는 날을 미리 알게 되면 그때까지 나는 신나게 놀면 되었다. 신나게 논 나는 친척들이 집으로 돌아가는 날이 되어 헤어지게 되더라도 전혀 서운하지가 않았다.

명절이 되고 나면 나는 한 가지 싫은 게 있다. 그것은 작은아빠 때문인데 오늘도 그랬다. 저녁을 먹고 자려고 방에서 이불을 덮고 누워있는데 작은엄마가 옷가지들을 들고 방으로 들어오셨다.

"벌써 자니?"

"…"

나는 작은엄마의 말을 듣고 아무 말도 하지 않고 눈을 감고 자는 척을 했다. 때마침 작은아빠가 방으로 들어왔다. 작은아빠는 얼른 내 이불속으로 들어와 내 옆에 누웠다. 나는 그때부터 기분이 나빴다. 기분이 나빠서 속으로 반말했다.

'내 이불 속으로 허락도 없이 왜 들어오는 거야.'

작은아빠는 여느 때처럼 혼잣말을 중얼거렸다.

"어디 얼마나 컸는지 볼까?"

작은아빠는 그 말이 끝나기가 무섭게 내 옷 속에 손을 넣고 내 몸을 여기저기 만졌다. 작은아빠의 손이 무척 더럽게 느껴졌다. 작은엄마는 그 옆에 앉아서 웃으며 수건을 개고 있었다.

'너희들 나를 어떻게 이렇게 함부로 대하니. 작은엄마, 지금 이게 웃을 일인가요?'

이대로는 도저히 안 되겠다는 생각이 들었다.

'두고 봐. 아빠한테 그동안의 일들을 다 일러서 혼나게 만들고 말 거야.'

나는 다음날을 기다리다 잠이 들었다.

드디어 기다리던 설날이 왔다. 우리들은 차례를 지내고 아침밥을 먹었다. 제일 큰언니였던 나는 동생들에게 말했다.

"다들 준비됐지? 어서 할머니께 가서 세배를 드리자."

나와 내 동생들, 그리고 사촌 동생들까지 하면 모두 열한 명이다. 열한 명이서 우르르 모여 할머니께 세배를 드리러 방으로 들어갔다. 할머니 방에 할머니만 계신 줄 알았는데 할머니 옆에 작은아빠가 앉아 있었다.

"할머니, 새해 복 많이 받으세요."

"오냐. 너희들도 새해 복 많이 받으려무나."

우리가 세배를 드리자마자 작은아빠가 할머니께 두툼한 하얀색 봉투를 건넸다.

"어머니, 이거 애들 세뱃돈 하세요."

"언제 이걸 다 준비했다니."

할머니가 받아 든 그 봉투 속에는 빳빳한 천 원짜리 지폐가 가득했다. 봉투를 받아들고 할머니는 무척 흐뭇해하셨다. 결국 나는 그 모습을 보고 아빠에게 작은아빠에 대해 말하려고 했던 것을 그만두었다.

한번은 이런 일도 있었다. 엄마와 아빠가 큰댁으로 제사를 지내러 가야 해서 그날 하루 집을 비우게 되었다. 아빠는 고등학교에 다니는 사촌언니에게 전화를 걸었다.

"오늘 제사를 지내러 큰집에 가야 하는데, 집에 애들만 있어서. 우리 집에 와서 하루 자고 갈 수 있겠니?"

"네, 그럴게요."

사촌언니는 흔쾌히 대답을 하고 저녁때쯤 우리 집에 왔다. 우리는 저녁으로 엄마가 만들어 주신 카레를 맛있게 먹었다. 밤이 되어 엄마와 아빠가 경운기를 타고 큰댁으로 가셨다. 나는 엄마와 아빠를 배웅하고 방에 들어와 이불을 펴고 자리에 누웠다. 그런데 잠이 들려는 순간 갑자기 사촌언니가 내 몸 위로 올라왔다. 그리고 몸을 계속해서 움직였다. 사촌언니의 그 행동이 무척 싫었지만 자는 척을 하며 가만히 있었다.

'내일 아빠한테 일러야겠어.'

다음 날 아침 일찍 엄마와 아빠가 집으로 오셨다. 나는 틈을 봐서 어제 있었던 일을 아빠에게 얘기를 하려고 했다. 그런데 아빠가 사촌언니를 칭찬하셨다. 사촌언니에게 수고했다며 용돈도 주셨다.

"애들 잘 봐줘서 고맙다. 이거 용돈 해라."
"감사합니다."

그 모습을 보고 말문이 막혔던 나는 끝내 그 말을 하지 않았다. 세월이 지났어도 항상 그 일들이 내 마음속에 남아 힘들었다. 내가 결혼을 한 뒤 작은아빠와 사촌언니를 만난 자리에서 남편에게 이렇게 말했다.

"저기 저 사람이 그 사람이야. 내가 얘기했던 바로 그 사람이 저 사람이야."

신기하게도 남편에게 작은아빠와 사촌언니에 대한 소개를 했더니 그동안 나를 힘들게 했던 모든 것들이 사라졌다.

연탄

"밀애야."

마당에서 동생들과 소꿉장난하고 놀고 있는데 뒷마당에 있는 비닐하우스에서 할머니와 함께 일을 하고 계시던 엄마가 나를 부르셨다. 오늘은 무슨 일을 시키시려고 나를 부르시는 걸까?

"응!"

나는 큰소리로 대답하고 비닐하우스로 달려갔다. 언제나 그랬던 것처럼 엄마가 내 이름을 부르는 것이 싫었는데 그것은 엄마가 항상 내 이름을 부르고 나서 어려운 심부름을 시키셨기 때문이다. 엄마가 심부름하라고 시키면 나는 그냥 그 일을 열심히 했다. 하지만 매번 내가 심부름하고 나면 엄마가 실망하셨다. 엄마가 심부름시키셨을 때 대답은 잘했지만, 그것이 정확히 무엇인지 자세히 물어보지는 않았다. 엄마의 말이 끝나고 나서 단 한 번이라도 엄마에게 되묻거나 이의 제기를 하지 않았다. 무엇인지 잘 모르겠으면 엄마에게 다시 한번 자세히 물어보면 되는데 항상 혼자서 걱정하며 생각만 많이 했다. 그것이 심부름을 잘해 내고 싶어서 한 행동인데 결과적으로는 심부름을 엉망이 되게 했다. 오늘은 엄마가 나를 보자마자 이렇게 말씀하셨다.

"연탄에 물 좀 부으렴."

"응!"

나는 크게 대답하고 비닐하우스를 나왔다.

'연탄에 물을 부어? 어떻게 물을 부어?'

엄마가 시킨 심부름이니 엄마에게 자세히 방법을 물

어보면 되는데 절대 다시 물어보는 일이 없는 나는 오늘도 알았다는 대답만 했다. 그러잖아도 농사일하느라 고생하시는 엄마에게 그 심부름 내용을 물어보는 것조차도 엄마를 힘들게 하는 일이 될까 봐 무조건 크게 대답만 했다.

우리 집은 연탄보일러로 연탄을 때서 난방하였다. 그래서 부엌 한쪽 구석에 커다란 연탄보일러가 놓여 있었다. 엄마가 시키신 심부름을 하려면 우선적으로 할 일이 그 연탄이 있는 부엌에 들어가 보는 것이다. 연탄에 물을 부으라는 엄마의 말씀을 여러 번 되뇌며 비닐하우스를 나와 마당을 지나 재빨리 부엌으로 들어갔다. 막상 부엌에 들어섰지만, 연탄에 물을 부을 생각을 하니 이만저만 걱정이 드는 게 아니어서 선뜻 연탄보일러가 있는 곳으로 다가가기가 어려웠다.

'연탄불에 물을 부어도 될까. 연탄에 물을 붓고 그다음은 어떻게 해야 할까.'

언제였는지 모르지만 연탄 뚜껑을 열어본 적이 있다. 뜨거운 연탄 뚜껑을 열자마자 연탄구멍 곳곳에서 불꽃이 솟아 일렁일렁 흔들리는 모습을 보았다. 어찌 되었든 오늘도 엄마에게 심부름을 잘하는 것처럼 보여야 한다. 더 이상 지체할 수가 없어 뚜벅뚜벅 연탄보일러가 있는 곳으로 걸어갔다. 연탄아궁이 앞에 서서 조심스럽게 보일러 뚜껑을 들고 안을 살펴보았다.

'아, 이거 정말 큰일 났구나.'

예상했던 것보다 훨씬 더 활활 붉으락푸르락 연탄불이 타오르고 있었다. 그 모습을 보고 놀란 나는 한숨을 내

쉬었다. 마음이 좀처럼 진정이 되지 않았다.

'그래도 심부름은 해야 해.'

나는 연탄에 부을 물을 가져오기 위해 연탄아궁이 반대쪽에 있는 개수대로 갔다. 오른손으로 바가지를 잡고 왼손으로 수도꼭지를 틀자, 순식간에 내 주변이 시원해졌다. 차가운 물이 주황색 바가지에 한가득 담겼다.

'저곳에 물을 붓는다면.'

두 손으로 바가지를 들고 연탄아궁이 쪽으로 걸어오는 내내 아무리 생각해 봐도 앞으로 일어날 일이 불 보듯 뻔했다. 보일러 앞에 서서 한 치의 망설임도 없이 연탄 뚜껑을 열자마자 바가지에 가득 차 있던 물을 모두 다 쏟아 붓고 최대한 재빠르게 뒤로 물러섰다.

'치이익 치이익.'

처음에는 약하게 소리가 나는 것 같더니 점점 더 큰 소리들이 연달아 터져 나왔다. 순식간에 검은색, 회색, 흰색의 뿌연 연기가 부엌에 가득 찼다. 소란스러운 상황 속에서 정신이 없었지만, 호흡을 가다듬고 내가 괜찮은지 살펴보았다. 고개를 숙이고 먼저 내 옷을 살펴보았다. 크고 작은 여러 개의 검은 물이 곳곳에 튀어 있었다.

'최대한 빨리 피했는데 이게 다 언제 튀었지. 엄마는 나에게 왜 이런 어려운 심부름을 시키시는 걸까. 나를 왜 이렇게 힘들게 하는 걸까.'

속상하기도 하고 걱정이 되기도 하고 그러는 사이 때마침 엄마가 부엌으로 들어오셨다. 뿌연 연기 사이로 엄마가 갑자기 나타나자 나는 깜짝 놀랐다. 정신을 차리고 엄마에게 무슨 말이든 해야만 한다는 생각이 들었다. 이번 심부름을 하면서 내가 너무 많이 고생했다고 여겨졌기 때문이다. 나는 있는 힘껏 용기를 냈다.

"연탄에 물을 부으라고 해서."

눈물이 막 나오는데 엄마가 미소를 지어 보이셨다.

"저기 보이니?"

엄마가 손가락으로 연탄아궁이 바로 위쪽 벽을 가리키며 나를 보셨다. 나는 엄마의 손가락이 가리키는 곳을 보았다.

'아차.'

부엌 벽 한쪽에 연탄아궁이와 연결된 호수가 있었다. 그 호수 중간에 가지런히 매달려 있는 하얀색 물통이 나를 안쓰럽게 쳐다보았다.

'아까는 보이지 않았는데 어떻게 물통이 저기 있지? 엄마가 물을 부으라고 한 곳은 저곳이었구나. 오늘도 멍청하게 심부름했구나.'

"얼른 가서 옷을 갈아입으렴. 세수도 하고."

엄마는 나에게 재촉하듯 말씀하셨다.

'물에 젖은 저 연탄을 어떻게 다 치우실까.'

엄마가 부엌을 청소하시는 동안 옆에서 도와드리고 싶다는 생각이 들었지만, 한편으로는 도움을 주기는커녕 방해만 되겠다는 생각도 들어서 엄마가 원하는 방향으로 도움을 드릴 수 없다는 결론을 내렸다. 조금 울어서인지 뜨거운 열기로 가득한 부엌을 막 나와서 그런지 밖으로 나오자마자 시원했다.

재래식 화장실

언제였을까. 내가 그 이야기를 처음으로 하고 다닌 게 언제부터였을까. 아마도 내가 말을 하기 시작했을 무렵 그 이야기를 하고 다녔다고 생각한다. 사실 나는 그 사건이 전혀 기억나지 않는다. 다만 가족들에게 전해 들어서 나도 그 이야기를 알고 있다.

친구들이나 친척들을 만날 때마다 늘 그 이야기를 들려주었다. 이제 와서 생각해 보니 내 이야기를 들은 그 많은 사람이 아마 이렇게 생각했을 법도 하다.

'뭐 특별한 것도 없는데 또 그 이야기를 하고 있네.'

어쩌면 속으로 나를 비웃었을지도 모른다. 그런데 나에게 또 그 소리를 하냐며 핀잔을 주는 사람은 아무도 없었다. 그러니 나는 그 일을 무척 자랑스럽게 생각하며 여러 번 반복해서 말하고 다녔다.

"내가 아주 어렸을 때 말이야 우리 집 화장실에 빠져서 죽을 뻔했대."

"누가?"

"내가 화장실에 빠져서 죽을 뻔했었대."

죽을 뻔했던 이야기의 주인공이 바로 나라는 사실에 내가 어떤 대단한 사람이 분명하다고 생각했다.

그때 당시에 마을 대부분의 집에는 재래식 화장실이 있었다. 우리 집도 집안에는 화장실이 없고 집 밖에 재래식 화장실이 있는 것이 다였다. 그곳은 마치 아주 작은 집처럼 생겼는데 혼자서 들어가 볼일을 보기에 꼭 알맞았다. 그 안에 들어가 앉아서 볼일을 보면 밑이 뚫려 있어서 대소변이 모이는 것이 다 보였다. 그곳을 살펴보면 파리

떼들도 돌아다니고 하얀색 구더기도 꿈틀꿈틀했다. 재래식 화장실 바깥쪽에는 변을 모아서 퍼내는 곳이 있었다. 거기서 퍼낸 변은 나중에 거름을 만드는 재료로 쓰였다. 냄새도 나고 사고의 위험도 있었기 때문에 그곳은 항상 덮개로 덮여 있었다.

그날도 여느 때처럼 할머니께서는 집안에서 빨랫줄에 빨래를 널고 계셨고 엄마와 아빠는 아침 일찍부터 밭에 나가서 일을 하고 계셨다. 항상 언니만 졸졸 따라다니던 나는 오늘도 언니를 따라서 화장실에 갔다.

"네 신발 신고와."

"싫어."

나는 맨발로 아빠가 신는 커다란 슬리퍼를 신고 언니를 따라갔다. 언니가 재래식 화장실에 들어가 볼일을 보고 있는 동안 나는 혼자 밖에 서서 언니를 기다리며 화장실 주변을 서성거렸다. 그런데 그때 항상 덮개가 덮여있던 곳에 덮개가 없다는 것을 발견했다. 그곳에 덮어 놓은 덮개가 치워져 있었다.

'이상하네. 여기 있던 덮개가 어디로 갔지?'

한 번도 안을 들여다본 적 없어서 몹시 궁금했던 나는 천천히 그곳으로 다가갔다. 가까이 가면 갈수록 고약한 냄새가 스멀스멀 올라왔다.

한동안 안을 살펴보다가 점점 더 지독한 냄새가 풍겨와 그곳에서 벗어나야겠다고 생각했다. 그 순간 내 발이 신발 밖으로 미끄러지는 바람에 나는 그만 재래식 화장실 속으로 풍덩 빠지고 말았다.

화장실에 있던 언니는 갑자기 큰소리를 듣고 깜짝 놀라 얼른 옷을 입고 밖으로 나왔다.

"밀애야. 어머, 밀애가 없네. 구멍으로 빠졌나 봐."

언니는 너무 놀라서 정신이 없었지만 침착하게 밭 쪽을 향해 일을 하고 계시던 엄마와 아빠에게 큰 소리로 외쳤다.

"아빠, 큰일났어요. 지금 밀애가 화장실에 빠졌어요. 엄마, 밀애가 화장실에 빠진 것 같아요."

"뭐라고? 밀애가 화장실에 빠졌다고?"

밭에서 한참 일을 하고 계시던 아빠가 언니의 목소리를 듣고 한달음에 달려오셨다.

"어디? 밀애가 어디에 빠졌어?"

언니의 외침을 듣고 재래식 화장실에는 벌써 집안에 계시던 할머니가 나와 계셨다.

"세상에 이게 어쩐 일이다니. 이를 어쩐다니."

할머니는 무척 걱정하며 아빠를 쳐다보셨다. 그러자 아빠는 이렇게 말씀하셨다.

"어머니, 괜찮아요. 진정하세요."

아빠는 울고 있는 언니도 달랬다. 언니는 아빠를 보고 안심을 하며 눈물을 그쳤다. 아빠는 침착하게 다가가 가만히 그곳을 바라보고 서 계셨다. 그러다가 검은색 머리가 위로 올라오는 순간 내 머리채를 낚아채셨다. 할머니께서는 그 모습을 보고 가슴을 쓸어내리셨다. 그때 밭에서 엄마가 달려오셨다.

"밀애 괜찮아요? 숨은 쉬어요?"

"이제 괜찮아."

아빠는 나를 번쩍 안아 들고 집으로 들어가셨다. 아빠는 지금도 그때의 일을 떠올리면 이렇게 말씀하셨다.

"내가 너를 구했지."

엄마는 그때의 일을 떠올리며 이렇게 말씀하셨다.

"내가 너를 씻기느라고. 얼마나 냄새가 나고 오래 가던지."

할머니는 내가 그때의 일에 대해 물으면 미소를 지으며 이렇게 말씀하셨다.

"네가 명이 길어. 죽다 살아났으니."

어쨌든 모두 내가 죽은 줄로만 알았는데 살아있어서 다행이라고 말했다.

'내가 특별한 사람이구나.'

나는 아직도 그때의 일을 이야기하며 신기해하는 사람들의 반응을 보는 것이 즐겁다.

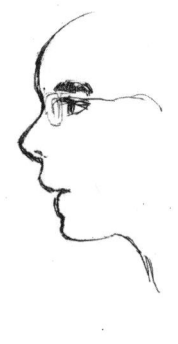

선생님

저녁을 먹고 동생들과 함께 만화영화를 보고 있는데 엄마가 불쑥 내게 공책을 내밀었다.

"자, 여기 이게 네 이름이야."

엄마가 내게 내민 공책에는 이 세상에서 내가 본 글씨 중에 제일 예쁜 글씨로 내 이름이 쓰여 있었다. 나는 학교에 들어가기 전까지 글을 읽을 줄도 모르고 내 이름조차 쓸 줄을 몰랐다. 그래서 엄마는 거의 매일 저녁을 먹고 나면 나에게 내 이름을 쓰는 법을 가르쳐주려고 노력하셨다. 엄마가 더 이상 노력을 하지 않게 된 그날도 엄마는 내게 연필과 공책을 가져오셨다. 나는 얼른 엄마에게서 공책을 빼앗으며 이렇게 말했다.

"내가 알아서 할 거야."

동생들 앞에서 더 이상 글자 공부를 하기 싫었던 나는 엄마의 시선을 피하며 동생들이 들으라고 큰 소리로 말했던 것이다. 그날 이후 엄마는 더 이상 공책과 연필을 들고 나에게 오지 않으셨다.

8살, 드디어 나는 유치원을 졸업하고 국민학교 1학년에 입학하게 되었다. 내가 학교에 다니게 되자 할머니께서는 무척 자랑스러워하셨다. 유치원에 다닐 때 할머니께서 엄마 몫까지 대신해서 챙겨주셨다. 그런 내가 이제 국민학생이 되어 모든 것을 혼자 스스로 하려는 모습이 대견스럽다고 하셨다.

입학 첫날 조회대에는 여러 선생님들이 서 계셨다. 선생님 한분 한분을 교장선생님께서 소개를 해주셨다.

"우리 담임선생님은 누구실까?"

"우리 언니가 그러는데 저기 세 번째 서 계신 남자 선생님이 우리 담임선생님이래."

저 멀리 서 계신 담임선생님을 자세히 살펴보니 다른 선생님들보다 키가 크고 약간 마른 모습이었는데 우리 아빠보다 훨씬 더 키가 크시다는 생각이 들었다. 마이크를 잡고 자기소개를 하시는 모습이 무척 자상하게 느껴졌다. 그분은 항상 넥타이를 매고 단정한 정장 차림으로 학교에 오셨는데 그 모습이 참 멋있다고 생각했다. 수업 첫날 마지막 교시가 끝나고 선생님께서 공책을 내라고 하셨다. 나는 아무것도 쓰지 않은 공책을 선생님께 드렸다. 집에 가기 전에 공책을 나누어 주셨는데 내 공책에는 오늘 날짜와 '욱'이라는 글자가 쓰여 있었다. 매일 선생님께서는 수업이 끝나고 나면 우리들의 공책을 걷어 가셨다. 그리고 공책 맨 아래에 '욱'이라는 글자를 쓴 다음 그 둘레에 동그라미를 그려서 나누어 주셨다. 선생님이 써주시는 그 글자가 좋아서 항상 공책에 무엇인가를 써서 냈다.

나는 여러 과목 중에서도 특히 수학 시간이 좋았다. 왜냐하면 수학 시간만 되면 선생님께서 질문을 많이 하셨기 때문이다. 오늘은 1교시가 수학 시간이어서 학교에 오기 전부터 잔뜩 기대했다. 선생님께서는 교실에 들어오시자마자 등을 지고 커다란 칠판에 숫자를 가득 써 놓으셨다. 그 숫자들 맨 아래에 빈칸을 하나 남겨 놓으시고는 오늘도 어김없이 우리들을 향해 질문을 던지셨다.

"얘들아."

순식간에 소란스럽던 교실이 조용해졌다.

"여기 빈칸에 들어갈 숫자는 무엇일까?"

선생님께서는 미소를 지으시며 초롱초롱 빛나는 눈빛으로 우리들 한 명 한 명을 쳐다보셨다. 그때 교실 맨 앞에 앉아 있던 나는 내 친구들을 한 명 한 명 살펴보기 위해 뒤를 돌아다보았다. 친구들은 그저 멀뚱멀뚱 앉아 있기만 하고 누구도 선생님께 대답할 생각이 없어 보였다. 그 모습을 보고 나만 정답을 알고 있다는 생각이 들었다. 그래서 신이 난 나는 자리에 앉은 채로 이렇게 노래를 흥얼거렸다.

"나는 알지. 나는 알지."

더욱 조용해진 교실 안에 내 목소리가 울려 퍼졌다. 친구들의 시선이 나를 향했다. 선생님께서도 무척 놀라워하며 이렇게 말씀하셨다.

"그럼 네가 한번 말해보렴."

나는 앉아서 침착하게 대답을 했다.

"0이요. 1보다 작은 수는 0이잖아요."

내가 이렇게 말을 하자 친구들이 웅성웅성 소리를 내며 선생님과 나를 쳐다보았다.

"밀애가 정답을 맞혔네. 참 잘했구나."

수학 시간에 선생님께 칭찬을 들어서 그 어느 때보다도 기분이 좋았다. 나는 4교시 수업이 끝나고 같은 반 친구인 미나와 함께 이야기를 나누며 집으로 돌아왔다. 할머니께서 차려주신 점심을 먹고 난 다음 동생들과 함께 경운기 위에 올라타서 신나게 놀았다. 그런데 그때 저 멀리서 담임선생님이 우리 집을 향해 걸어오고 계셨다.

'어? 선생님이 오시네. 무슨 일일까?'

선생님을 보고 깜짝 놀란 나는 경운기 위에서 내려왔다. 담임선생님께 수줍게 인사를 드렸다.

"선생님, 안녕하세요?"

"안녕!"

"안녕하세요?"

경운기에서 놀던 동생들도 다함께 큰소리로 인사를 했다.

"제 동생들이에요."

나는 선생님께 동생들을 소개했다.

"그래, 안녕! 동생들이 다들 예쁘게 생겼구나. 그런데 부모님은 어디에 계시니?"

"내가 알아요."

둘째 동생이 경운기에서 내려와 엄마와 아빠가 일하고 계신 밭으로 달려 나갔다. 잠시 뒤 동생이 아빠를 모시고 왔다. 아빠는 끼고 있던 목장갑을 벗으셨다.

"안녕하세요? 선생님."

"네, 안녕하세요. 밀애 아버님 되세요?"

"네, 제가 밀애 아빠입니다."

두 분은 반갑게 인사를 하고 악수를 나누셨다. 엄마는 집에 들어가시더니 꽈배기 도넛을 양푼에 한가득 담아서 들고 나오셨다.

"이것 좀 드셔보세요."

담임선생님께서는 너그러운 미소를 지으며 꽈배기 도넛 하나를 집어 들고 맛있게 드셨다. 아빠와 선생님이 서로 웃으며 이런저런 이야기를 나누셨다. 나는 아빠 옆에서 선생님께서 나에 대해 하시는 말씀을 들었다.

"밀애에게 공부를 가르치셨으면 합니다."

'제가 공부를요?'

담임선생님이 가시고 아빠는 흐뭇하게 나를 바라보셨다.

그날부터 나는 공부를 잘하고 싶다는 의욕이 생겼다. 하지만 아무리 생각해도 공부를 잘할 방법을 모르겠다는 결론에 한 가지 방법을 생각해 냈다. 내 친구 중에 공부를 잘하는 친구들을 만나서 그 방법을 물어보기로 마음먹었다. 거의 모든 과목에서 우수한 성적을 받는 친구들을 알아낸 다음 그들을 만나기만 하면 이렇게 물어보았다.

"너는 어떻게 해서 공부를 잘하게 되었니?"

혹시나 했는데 역시나 공부를 잘하는 친구들은 저마다 자기 나름의 공부 비법을 가지고 있었다. 한 친구는 나에게 이렇게 말했다.

"과목마다 문제집을 적어도 세 권씩은 풀어."

"과목마다 세 권씩?"

"응."

그것은 무척 훌륭한 공부 방법이었지만 내가 따라 하기에는 어림도 없었다. 또 다른 친구가 나에게 이렇게 말했다.

"나는 책 읽는 것을 좋아하는데 우리 엄마는 나한테 책을 절대로 안 사주셔. 그래서 학교 도서관에 있는 책들을 거의 다 읽었어."

"학교에 있는 그 많은 책을 다 읽었다고?"
"응."

그러던 중에 나는 한 친구로부터 이런 말을 들었다.

"우리 아빠가 그러셨는데 수업 시간에는 선생님 입만 쳐다보래."

"정말 좋은 방법이구나."

'선생님을 쳐다보기만 해도 공부를 잘할 수가 있다고?' 다른 그 어떤 방법보다도 따라서 하기가 쉬웠기 때문에 내 마음에 들었다.

그 뒤로 나는 수업 시간에 선생님의 입을 쳐다보며 공부했다. 그랬더니 학교 수업이 훨씬 더 재미있게 느껴졌다. 실제로 시험을 치른 후 지난번 시험보다 평균점이 오르고 꽤 괜찮은 성적을 받았다. 집에서 시험공부를 따로 한 적이 없는데도 말이다.

'나도 이제 공부를 잘할 수 있어.'

선생님의 입을 쳐다보며 수업을 듣다 보니 자신감도 생기고 공부에 점점 재미있어져 학교에 다니는 것이 즐거웠다.

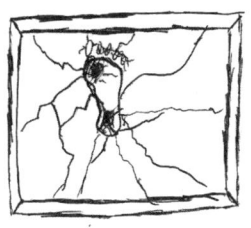

액자

이웃에 사는 진이는 나보다 한 살이 어렸는데 하얀색 피부에 쌍꺼풀이 있고 얼굴도 갸름하니 예뻤다.

'나도 진이처럼 얼굴도 갸름하고 쌍꺼풀이 있었다면 어땠을까.'

거울을 보며 그 모습을 상상하곤 했다. 나는 동생들이 많아서 심심한 적은 없었는데 진이랑 이야기를 나누며 노는 것이 좋아서 자주 그 집에 놀러 갔다.

한번은 이런 일이 있었다. 그날도 나는 아침 일찍부터 혼자 진이네 집에 놀러 갔다. 진이네 집도 우리 집처럼 기와집이었는데 우리 집보다 더 크고 더 넓었다. 무엇보다 진이는 자신의 방을 갖고 있었다. 그 방에 들어설 때면 나도 내 방이 있어서 예쁘게 꾸며놓고 싶다는 생각이 들었다. 진이 방에는 커다란 책상도 있고 벽 쪽 책장에는 여러 종류의 읽기 어려운 책도 꽂혀 있었다. 잠시 이야기를 나누다가 내가 책장을 보고 말했다.

"진이야, 저기 저 위에 있는 게 뭐야?"

"어디?"

나는 책장 맨 위에 있는 종이상자를 가리켰다. 책장 맨 위에 하늘색 종이 상자가 놓여있었다. 좀처럼 본 적이 없는 상자였다.

"언니가 한번 꺼내 봐."

"응."

대답하고 푸른색 책상을 보니 그 위에 신문지가 놓여 있었다. 나는 아무 생각 없이 그 신문지를 가볍게 밟고 올라섰다.

'부지직.'

그것이 무엇인지 모르겠는데 아차 하는 순간 내 발에 밟히어 부서졌다. 나도 진이도 모두 깜짝 놀라서 서로를 바라보았다. 잠깐 내 몸이 굳어서 움직여지지 않았다. 진이를 한번 쳐다본 후 의자를 밟고 얼른 내려왔다.

'제발 아무것도 아니길….'

짧은 기도를 하며 책상 위에 펼쳐진 신문지를 들추어 보았다. 하지만 내 바람은 이루어지지 않았다. 신문지 안에는 유리가 산산조각이 나 있었다. 진이 동생이 환하게 웃고 있는 네모난 유치원 졸업사진 액자 유리가 산산조각이 났다.

'이제 정말 큰일 났구나.'

순간 여러 가지 생각이 한꺼번에 들었다. 무엇보다 진이 엄마를 마주할 생각을 하니 무섭기까지 했다. 진이 엄마는 무척 친절하시지만 매우 엄격한 분이셨다. 예를 들면 진이네 집 화장실에서는 화장지를 두 칸씩만 사용할 수 있었다.

'어떻게 하지?'

나는 말없이 서 있는 진이를 물끄러미 쳐다보았다. 앞으로 일어날 일이 걱정되어 발을 동동거리고 있는데 아무 일도 아니라는 듯 진이는 침착한 표정으로 나를 바라보았다. 그리고 나에게 이렇게 말해주었다.

"괜찮아 언니. 걱정 하지 마, 언니."

그러더니 진이가 큰소리로 아주머니를 불렀다.

"엄마, 엄마!"

그러자 마당에서 돗자리를 펴놓고 벼를 널고 계시던 아주머니가 방으로 들어오셨다. 진이는 아주머니를 똑바로 바라보고 조심스럽게 말씀을 드렸다. 갑작스러운 진이의 말을 듣고 나는 큰 충격에 빠졌다.

"엄마, 내가 동생 액자를 깨뜨렸어요."

진이는 부서진 액자를 손으로 가리키며 말했다.

'아니에요. 내가 깨뜨렸는데. 나라고 말해야 하는데.'

나는 모든 것을 사실대로 말하려고 했지만 아주머니를 마주하니 몸이 굳어서 입이 떨어지지 않았다. 도무지 어떤 말도 할 수가 없었다. 점점 나는 작아지고 진이를 바라보는 아주머니의 눈빛은 점점 더 커졌다. 결국 나는 비겁하게 가만히 서 있었다. 그때 내가 할 수 있는 일은 진이에게 미안한 마음을 갖는 것뿐이었다.

'진이는 참 따뜻한 마음을 가진 아이구나.'

나는 그 일이 있은 뒤로 나보다 나이는 어리지만 행동이 어른스러운 진이를 더 좋아하게 되었다.

우리는 거의 매일 같이 놀았는데 오늘도 만나서 반가웠다. 한참 소꿉놀이하며 놀고 있는데 비닐하우스에서 일을 하고 계시던 엄마가 나를 부르셨다.

'또 심부름시키려고 부르시나.'

나는 비닐하우스로 달려갔다.

"엄마, 왜?"

"진이가 집에 가고 나면 과자를 먹으렴."

"응, 알았어."

다락방에는 며칠 전에 아빠가 사다놓은 과자 상자가

있었다. 우리가 과자를 거의 다 먹어서 한 봉지만 남아 있었다.

나는 동생들과 진이와 함께 술래잡기 놀이도 하며 행복한 시간을 보냈다. 어느덧 시간이 흐르고 저녁때가 다 되어 진이는 집에 갔다. 나는 이때다 싶어 비닐하우스로 달려갔다.

"엄마, 진이 갔으니까 과자 먹어도 돼?"

비닐하우스에서는 할머니와 엄마가 함께 일을 하고 계셨다. 내 말을 듣고 엄마는 아무 말 없이 하던 일을 계속하셨다.

'엄마가 못 들으셨나?'

나는 비닐하우스 문 앞에 서서 아까보다 더 크게 외쳤다.

"엄마, 진이가 갔으니까 과자 먹어도 돼?"

내 말이 끝나기가 무섭게 엄마는 나를 보며 화를 내셨다. 화가 난 목소리로 이렇게 말씀하셨다.

"진이가 다 들었겠구나."

'아차. 진이가 다 들었겠네. 어쩌면 진이네 엄마도 다 들었을 거야. 진이네 집은 우리 집과 정말 가까운데.'

나는 진이에게 미안한 마음이 들어 잠깐 비닐하우스 문을 잡고 서 있었다. 어쩔 줄을 몰라 하며 그 자리에 서 있는데 엄마 옆에서 일을 하고 계시던 할머니께서 갑자기 노래를 부르셨다. 할머니는 내 마음도 모르시고 가사도 없는 노래를 부르셨다.

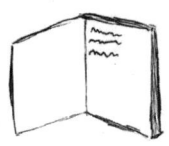

공책

"밀애야."

"네!"

밖에서 동생들과 놀고 있던 나는 큰소리로 대답하고 집 안으로 들어갔다.

"철 좀 들어라!"

이른 아침부터 마당에서 엄마가 화를 내시고 부엌으로 들어가 버리셨다. 갑작스러운 엄마의 말씀을 듣고 나니 내 주변의 모든 것이 정지해 버린 느낌이 들었다. 무엇보다 내 마음이 점점 답답해져 왔다.

'답답해. 너무 답답해. 나를 위해 내가 할 수 있는 일이 없을까. 무엇을 하면 좋을까.'

내 주변으로 따가운 햇살이 비추어 눈이 부셨다. 하지만 점점 더 마음이 답답해져 왔기 때문에 어떻게든 답답한 마음을 풀어야겠다고 생각했다. 주위를 살펴보았다. 집 마당 한가운데에 있는 꽃밭이 내 시선을 끌었다. 거기에는 꽃이 많이 피어있었다. 특히 백합꽃과 장미가 어우러져 엄마가 정성스레 가꾸신 꽃밭이 더욱 아름답게 빛이 났다. 꽃밭 둘레에는 여러 개의 크기가 다른 돌이 심겨 있었다. 그리고 가장 오른쪽에는 검은색 커다란 돌이 놓여 있었는데 나는 자주 그곳에 앉아서 햇볕을 쬐곤 했다. 그곳에 앉아 있으면 무척 따뜻하고 기분이 좋았다.

오늘도 나는 꽃밭으로 가서 그 커다란 돌 위에 앉았다. 순식간에 돌에서 나온 따뜻한 기운이 내 온몸에 퍼졌다. 보통은 돌 위에 앉아 있으면 기분이 좋아지는데 오늘은 돌 위에 앉아 있어도 내 마음이 편하지 않았다. 그래서 곰곰이 생각하다가 무작정 사랑방 안으로 들어갔다. 방에 들어가 책상 위에 놓여 있던 내 책가방을 열고 공책과 필통을 꺼냈다. 필통 속에는 엄마가 깎아주신 연필 세 자루가 들어있었다. 그중 한 자루를 꺼내어 공책과 함께 가지고 방을 나왔다. 아까와는 다르게 편안한 느낌이 들었다. 살며시 꽃밭으로 다가가 그 커다란 돌 위에 다시 앉아보았다. 나는 크게 한숨을 쉬고 무릎 위에 공책을 펼쳐 놓았다. 그러고는 난생처음 연필을 잡고 내 마음을 글로 썼다. 누가 시키지도 않았는데 내 마음을 글로 써본 것은 그날이 처음이었다. 나는 단숨에 세 줄을 내리썼다.

"철 좀 들어라."
'철이 들지 말아야지.'
따뜻한 마당에 앉아서 나는 이렇게 생각했다.

세 줄을 썼더니 더 이상 쓸 말이 생각나지 않았다. 세 줄 안에 충분히 내 마음이 담겼다는 생각이 들었다. 그래서 두 손으로 공책을 들고 거기에 써 놓은 글을 마음속으로 읽어 보았다. '철 좀 들어라. 철이 들지 말아야지. 따뜻한 마당에 앉아서 나는 이렇게 생각했다.' 세 문장으로 이루어진 글이 무척 마음에 들었던 나는 다시 한번 천천히 읽어 내려갔다. 그리고 어느새 내 마음은 다시 좋아졌다. 나는 얼른 자리에서 일어나 앉아있던 돌을 한번 돌아다보고 돌 위에 공책과 연필을 가지런히 올려둔 채 대문 밖을 나와 동생들이 있는 곳으로 놀러 나갔다.

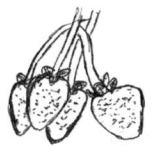

딸기

학교가 끝나고 친구 미나와 함께 집으로 가다가 가게 앞을 지나게 되었다. 그 가게 옆 밭에는 빨갛게 익은 딸기가 주렁주렁 매달려 있었다. 주인 할머니께서 매년 그 밭에 농사를 지으셨는데 올해는 그곳에 딸기를 심으셨다.

"맛있겠네."

"정말 맛있겠다. 오늘 만나는 거야?"

"응, 잊지 말고 나와."

"알았어."

딸기가 무척 먹고 싶었던 우리는 함께 딸기 서리를 하기 위해 새벽에 다시 만나기로 약속하고 헤어졌다.

그날 나는 어디서 그런 용기가 났는지 모두가 잠든 새벽녘에 몰래 집을 빠져나왔다. 새벽이었지만 보름달이 크게 떠서 온 세상이 무척 밝고 환했다. 축축한 이슬 냄새가 가득한 길을 천천히 걸어가는데 뒤에서 미나가 나를 불렀다. 나는 그녀를 보고 소리 없이 웃었다. 딸기밭에 도착한 우리는 주변을 살폈다. 보는 사람이 아무도 없다고 생각되자 마음이 놓였다. 그녀가 먼저 딸기밭으로 성큼성큼 걸어 들어갔다.

"얼른 와."

"응."

나도 그녀를 따라서 밭고랑 사이를 걸어갔다. 무릎을 구부리고 몸을 낮추어 밭고랑 사이를 걸어가며 딸기를 살펴보았다. 밭고랑 양옆으로 주렁주렁 열린 딸기가 가득했다. 축축한 잎을 헤치고 어슴푸레 보이는 빨갛게 잘 익은 딸기를 하나 따서 얼른 한입 베어 물었다.

"너무 맛있어. 어떻게 이런 맛과 향이 나지?"

나는 딸기를 따 먹으며 소리내어 웃었다.

"조용히 해."

옆 밭고랑에 있던 미나가 속삭이듯 말하는 목소리가 들려왔다. 그래서 나는 입을 다물고 좀 더 조심스럽게 딸기를 따 먹었다. 하나씩 따서 정말 맛있게 먹었다. 우리는 배가 부를 정도로 딸기를 따 먹고 집으로 돌아갔다.

다음날 학교가 끝나고 집으로 돌아오는 길에 나는 그만 크게 소리를 지를 뻔했다. 멀리 보이는 우리 집 앞에 가게 주인 할머니께서 서 계셨기 때문이다. 나는 너무 놀라서 가슴이 철렁 내려앉았다. 어제 새벽의 일들이 머릿속에 떠올라 어찌할 바를 모르고 서 있는데 가게 할머니께서 벌써 나를 알아보고 인사를 하셨다.

"밀애 왔구나."

"안녕하세요?"

가게 할머니께서 온화한 미소를 지으시며 나를 반갑게 맞아주셨다. 인사도 잠시, 가게 할머니와 함께 서 계시던 아빠가 나에게 단호하게 물으셨다.

"밀애야, 네가 새벽에 가게 할머니네 딸기밭에서 서리를 했다는 게 사실이니?"

"죄송해요."

내 말이 끝나자, 아빠와 가게 할머니가 서로 이야기를 나누셨다. 가게 주인 할머니께서 집으로 가시고 아빠는 나를 안방으로 부르셨다.

"서리를 하는 것은 나쁜 짓이야. 어렵게 딸기 농사를

지으시는데. 남의 것을 허락도 없이. 앞으로는 어떻게 할 거니?"

"죄송해요. 다시는 안 그럴게요."

무릎을 꿇고 오랫동안 아빠가 하시는 말씀을 들었다.

그날 밤 나는 꿈을 꾸었다. 학교에서 집으로 돌아오는데 집 대문 앞에 커다란 경찰차가 나를 기다리고 서 있었다. 경찰차 옆에는 경찰과 아빠와 가게 주인 할머니께서 함께 서 계셨다. 나는 경찰차 뒷좌석에 앉았다. 차가 출발하고 신작로를 지나갔다. 바로 그때 내가 뒤를 돌아다보았다. 저 멀리서 아빠가 활짝 웃으며 나를 바라보고 계셨다.

'아빠가 나를 신고했구나.'

그 생각을 하며 퍼뜩 꿈에서 깨어났다. 꿈을 꾸는 동안 식은땀이 나서 등이 축축했다.

'꿈이었구나. 앞으로 다시는 남의 물건에 손을 대지 않을 거야.'

나는 굳은 다짐을 하고 다시 누워서 잠을 잤다.

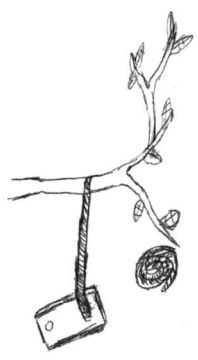

그네

아침 일찍부터 엄마가 마당에서 거울을 보며 예쁘게 단장을 하셨다. 엄마 주위가 햇살 덕분에 눈이 부셨는데 그 모습을 보고 있으니 내 마음도 빛이 났다. 뭔가 좋은 일이 생길 것 같아 나는 좀처럼 설레는 마음을 가라앉히지 못했다.

"밀애야, 같이 갈래?"

"네."

나는 신이 나서 짧고 크게 대답했다. 엄마와 함께 시장에 가고 싶어서 외출준비를 하는 엄마 주변을 계속해서 서성이며 내가 원하는 말을 엄마가 해주기만을 기다리고 있었는데 드디어 내가 바라던 대로 엄마가 시장에 가자고 말씀하신 것이다. 내 마음은 뛸 듯이 기뻤다. 너무 좋아서 어쩔 줄을 몰랐다. 마음을 진정시키고 나도 거울에 내 모습을 비추어보았다. 입고 있던 옷이 마음에 들었던 나는 양쪽 귀에 머리카락을 꽂았다.

정말 오랜만에 엄마와 아빠, 나 이렇게 셋이 시장을 보러 버스를 타고 시내에 나갔다. 버스에서 내려 시끌벅적한 시장 안을 걸어가는데 온갖 신선한 냄새가 가득 났다. 한꺼번에 여러 가지 다양한 냄새가 났기 때문에 시장 안에서 나는 그 냄새조차도 시끄러웠다. 향긋한 꽃냄새와 달콤한 과일 냄새, 채소에서 나는 흙냄새, 생선에서 나는 바닷냄새 등이 곳곳에서 풍겨왔다. 무엇보다 장을 보러 나온 사람들로 시장 안이 가득 차서 덕분에 나는 엄마의 오른손을 더 꽉 붙잡을 수 있어서 좋았다. 사람들에게 떠밀려 과일가게 앞을 지나가는데 과일가게 아주머니가 아빠에게 잘 익은 복숭아 한 개를 건네셨다.

"이것 좀 드셔보세요."

"감사합니다."

우리는 과일가게 앞에 잠깐 멈추어 섰다. 아빠는 복숭아를 받아 들고 그 붉은 빛을 띠는 복숭아를 껍질째 한 입 크게 베어 물었다. 그러자 복숭아 안에서 달콤한 물이 주룩 흘러나왔다. 아빠는 오른쪽 팔을 걷어 올리고 소리를 내며 맛있게 복숭아를 드셨다. 순식간에 씨앗이 보일 정도로 거의 다 드셨는데 복숭아에서 너무 많은 물이 계속해서 흘러나오는 바람에 아빠의 손목에서부터 팔꿈치까지 복숭아 물이 줄줄 흐르고 그 물은 뚝뚝 바닥으로 떨어졌다. 엄마는 눈살을 찌푸리며 그 모습을 바라보고 계셨다. 그러고는 이렇게 말씀하셨다.

"그만 가요. 살 것도 많은데."

"복숭아가 이렇게 맛있는데 몇 개 사 가야지."

과일가게에 들어간 아빠가 계산하고 나오셨다. 아주머니가 우리에게 검은색 봉지 가득 복숭아를 담아주셨다. 우리는 시장 안을 한 바퀴 돌면서 이것저것을 참 많이 샀다. 슬쩍 보니 아빠의 양손에는 검은색 비닐봉지가 여러 개 들려 있었다. 그 안에는 아까 산 복숭아도 있고 붉은빛 소고기도 들어있었다.

시내에서 장을 다 본 우리는 버스를 타고 집 근처 정류장에서 내렸다. 버스에서 내려 집으로 걸어가는 데 두 분이 길가에 멈추어 섰다. 나는 그날따라 날이 너무 더워서 엄마와 아빠의 대화를 듣는 둥 마는 둥 했다. 그런데 아빠는 미소를 지으며 살짝 웃으셨고 엄마는 아빠 옆에서 인상을 쓰며 어떤 말씀을 하셨다. 나는 엄마가 무슨 말씀을 하시는지 한번 들어보았다. 아까 아빠가 복숭아를 드신 것이 엄마를 화나게 했다.

"시장 안에 사람들도 많은데. 거기서 그걸 먹고."

나도 아빠 옆에서 엄마가 하는 이야기를 들으며 한참 동안 서있었다. 햇살이 무척 따갑게만 느껴졌다. 그 일이 있은 뒤로 엄마를 이렇게 힘들게 하는 아빠가 싫었다. 누군가가 나에게 아빠를 닮았다는 소리를 하면 그 소리가 더욱 듣기 싫었다.

그러던 어느 날 서울에 사는 이모와 이모부 그리고 사촌 동생들이 우리 집으로 여름휴가를 보내러 왔다. 나는 동생들과 마당에서 커다란 붉은색 고무대야에 들어가 즐겁게 목욕하고 있었다. 붉은색 대야에 들어있던 물이 햇빛을 받아 무척 따뜻했다.

"밀애야, 친척들이 오셨어."

나는 엄마의 말을 듣고도 동생들과 물장난을 치며 계속해서 물속에서 놀았다. 엄마는 그런 내게 다가와 등짝을 한 대 때리셨다. 그러고는 다급하게 말씀하셨다.

"얼른 나와."

엄마에게 등짝을 맞은 나는 아프지는 않았다. 하지만 옷을 벗고 있던 나는 물 밖으로 나오기가 부끄러웠다.

"아프겠네. 애를 왜 때리고 그래요?"

이모부가 말씀하셨다. 엄마는 아무 말씀도 하지 않으시고 수건을 나에게 건네셨다. 나는 엄마에게 수건을 받아 들고 몸을 가리고 방 안으로 들어갔다. 옷을 입고 나와 이모부와 이모에게 인사를 드렸다. 동생들도 나를 따라 물 밖으로 나와 옷을 입고 친척들에게 인사를 했다. 엄마는 점심으로 밀가루 반죽을 해서 칼국수를 만들어 주셨다. 엄마가 만든 칼국수에는 별것이 들어있지 않았지만, 무척 맛있었다. 나는 칼국수를 두 그릇이나 먹었다.

점심을 먹고 오후쯤 되었는데 사촌 동생들이 마루에 앉아서 무척 심심해했다. 나는 사촌 동생들과 무엇을 하면 재미있을까 곰곰이 생각하다가 아무래도 사촌 동생들과 함께 그네를 타면 좋을 것 같다는 생각이 들었다. 그래서 대문 밖으로 나와 살구나무가 있는 곳으로 갔다. 얼마 전까지만 해도 살구나무에 그네가 매여 있었는데 무슨 이유 때문인지 그넷줄이 며칠째 풀려 있었다. 사촌들도 오고 했으니 오늘은 누구의 도움도 받지 않고 살구나무에 줄을 메어 그네를 한번 만들어보기로 마음먹었다. 살구나무는 내 키보다 두 배가 안 되는 크기였는데 그런 살구나무에 올라가는 것은 언제나 나에게 식은 죽 먹기였다.

살구나무 주변을 살펴보니 그네를 만들었던 줄이 놓여 있었다. 어느새 나는 줄을 붙잡은 채 살구나무 위로 올라가고 있었다. 중간쯤 올라가서 나무에 걸터앉았다. 그리고 주위를 살펴보았다. 나무 위에 올라와서 보니 나뭇가지 하나에 짙은 검은색 두 줄이 선명하게 남아 있었다. 그넷줄이 묶여있던 자국이었다. 나는 그곳에 그네의 한쪽 줄을 묶고 나머지 줄을 옆에다 묶었다. 이제 그네를 거의 다 만들었다고 생각했는데 이모부가 살구나무 쪽으로 다가오셨다. 이모부가 다가오자 나는 조금 쑥스러웠다.

"그네를 네가 만들었니?"

"네."

이모부가 무척 놀라시는 눈치였다. 그 모습에 내가 자랑스럽게 느껴졌다. 나는 능숙하게 그네 줄이 탄탄한지 잡아당겨 보았다. 무척 단단하게 줄이 묶여 있어서 만족스러웠다. 드디어 그네가 다 만들어졌다. 그네를 다 만든 나는 살구나무에서 내려왔다. 이모부는 웃으시면서 나를 향해 말씀하셨다.

"아빠를 닮아서 그네도 참 잘 만드는구나."

나는 그 칭찬을 듣고 이모부에게 웃어 보였지만 기분은 별로 좋지 않았다. 이모부가 나에게 아빠를 닮았다고 하신 그 말씀이 듣기가 싫어 그네를 괜히 만들었다는 생각도 했다. 이모부는 집으로 들어가시더니 동생들에게 이렇게 말씀하셨다.

"밀애가 그네를 만들었어."

"정말요?"

내 동생들과 사촌 동생들이 살구나무로 달려왔다.

"내가 먼저 타볼게."

"그럼 내가 밀어줄게."

동생들과 함께 그네를 타며 즐겁게 보냈다. 하지만 내 마음속에는 여전히 이모부께서 하신 말씀이 남았다.

'어떻게 하면 아빠가 아닌 엄마를 닮았다는 소리를 들을 수 있을까.'

나는 언제나 아빠보다 우리 엄마가 좋았다.

벽

우리 집은 딸 한 명이 어렸을 때 죽었고 내가 첫째 딸이고 나에게는 여동생이 한 명이 있었다. 그런데 오늘 동생이 한 명 더 추가됐다. 왜냐하면 엄마가 또 산부인과 병원에서 아기를 낳아서 데리고 오셨기 때문이다. 그 아기도 딸이었다. 아기가 태어났으니 온 집안에 경사가 난 것인데 우리 집의 분위기는 남달랐다. 아빠도 할머니도 심지어 엄마까지도 온통 아들을 바라셨기 때문에 어쩌면 눈치를 봐야 할 정도로 집안 분위기가 무겁게 느껴지는 것이 당연했다. 어쨌든 이제 내 동생은 여동생만 두 명이 되었다.

엄마가 아기를 낳아서 데리고 오신 그날은 무척 더운 날이었다. 나는 동생이 있어서 언제나 즐겁고 자랑스러웠다. 하지만 오늘만은 내 마음도 무겁게 느껴졌다. 왜냐하면 내가 안방에 들어갔는데 엄마가 나를 보고 아무 말씀도 하지 않으셨기 때문이다. 안방에는 엄마와 아기가 나란히 이불을 덮고 누워있었다. 두툼한 하얀색 이불을 덮고 있는 엄마와 그 옆에 얼굴만 내밀고 파란 담요로 덮여서 새근새근 잠을 자는 아기가 무척 다정해 보였다. 나는 조심스럽게 무릎을 꿇고 엄마 옆에 앉았다. 그러다가 아기를 바라보고 있는 엄마를 보았다. 사랑스러운 눈빛으로 엄마가 아기를 바라보고 있었다. 나는 엄마가 괜찮은지 머리부터 이불 밖으로 나온 발끝까지 찬찬히 살폈다. 엄마의 얼굴도 머리카락도 모두 이상이 없어 보였는데 엄마의 손이 평소와 달리 유난히 커다랗게 퉁퉁 부어 있었다. 나에게는 그 퉁퉁 부은 엄마의 손가락 하나하나가 슬펐다. 슬픈 생각들이 밀려와 잠깐 엄마와 아기 옆에 앉아 있다가 일어나 안방을 나왔다. 하지만 마음 한구석에 생긴 슬픔은 쉽사리 사라지지 않았다. 나는 대문 밖으로 나와 집 모퉁이를 돌아 아무도 나를 볼 수 없는 곳으로 갔다.

'내가 여기 있는 줄은 아무도 모를 거야.'

차가운 벽에 등을 기대고 섰다. 담벼락에 기대어 선 채 생각에 잠겼다. 소리 없이 내 눈에서 눈물이 흘러나왔다. 계속해서 솟아 나오는 눈물 덕분에 나는 더욱 깊은 슬픔에 잠겨 어떤 후회를 했다.

'언니가 살아있다면 얼마나 좋을까? 우리 언니가 죽지 않고 살아 있었더라면 지금 엄마에게 위로가 되고 힘이 되었을 텐데. 내가 죽고 언니가 살았다면 얼마나 좋았을까.'

자꾸만 그 생각이 들어 하염없이 눈물을 흘렸다. 차가운 볼 위로 뜨거운 눈물이 계속해서 마르고 흐르고를 수차례 반복했다. 볼이 점점 가려워 왔지만, 눈물을 닦고 싶지는 않았다.

사실 내 기억 속에는 언니가 없다. 내가 기억하는 언니의 모습은 하나도 없다. 가끔 엄마가 하시는 얘기를 듣고 언니의 모습을 상상해 본 게 다였다. 엄마는 항상 언니 얘기를 할 때면 얼굴이 무척 밝아지셨다.

"쌍꺼풀이 있고 눈도 크고 얼굴도 하얗고 예뻤단다."

언니를 떠올리며 말씀하실 때마다 엄마의 얼굴에는 아련한 행복이 보였다. 나와 내 동생은 우리는 갖고 있지 않은 쌍꺼풀을 가진 그 언니를 상상하며 안타깝기도 하고 한번 만나보고 싶기도 했다. 나는 엄마가 우리를 떠올리며 저만큼 좋아하시는 표정을 짓는다면 얼마나 좋을지 생각했다.

'이제 얼마의 시간이 지났을까.'

얼굴이 더욱 가렵고 따가워서 문득 하늘을 올려다보았다. 어두워진 하늘 사이로 찬바람이 내 얼굴을 스치며 지나갔다. 등을 기대고 섰던 담벼락도 점점 더 차갑게 느껴졌다. 그때 정신이 번쩍 났다. 얼굴도 차갑고 이제는 등도 차갑고 내 몸도 마음도 서늘해졌다. 더는 아무 생각도 안 났다. 눈물도 나지 않았다. 슬픈 마음이 내게서 사라져 버렸다.

주변이 벌써 어둑어둑해지고 그 어둠 가운데서 따뜻한 밥 냄새가 풍겨왔다.

"밀애야, 밥 먹어라."

집안에서 아빠의 목소리가 반갑게 들려왔다. 밥 냄새도 맡고 거기에 아빠의 목소리까지 들었더니 무척 배가 고팠다.

"네."

나는 큰 소리로 대답하고 짧은 거리를 뛰어 얼른 집으로 들어갔다. 집 마당에는 불이 밝게 켜져 있었다. 그 환한 마당을 보고 내 마음이 점점 따뜻해져 왔다.

"어디 갔다 왔니?"

할머니께서 한 손에는 밥그릇을 들고 다른 한 손으로는 주걱으로 밥솥에 있는 밥을 푸시며 나에게 물으셨다. 나는 할머니를 쳐다보며 대수롭지 않은 듯 말했다.

"밖에서 뭐 좀 하다 왔어요."

밥상 앞에 앉아서 차려진 음식들을 살펴보았다. 네모진 밥상 위에는 할머니께서 늘 끓여 주시는 노란색 버섯이 들어가 있는 된장찌개와 수북이 놓인 김, 배추김치, 동치미 그리고 게장이 빼곡히 놓여 있었다. 밥 한술을 떠서 먹는데 오늘따라 유난히 맛이 좋았다.

'어쩜 이렇게 맛있지.'

한결 홀가분해진 마음으로 할머니께서 차려주신 저녁밥을 먹으니 무척 든든했다.

별

엄마와 아빠는 밭에서 일을 하시고 나와 동생들은 그 옆에서 흙장난하며 놀았다. 한참을 즐겁게 놀다 보니 내일 학교에 가져갈 준비물이 떠올랐다.

"엄마, 나 내일 학교에 준비물을 가져가야 해."

"준비물?"

"응. 선생님이 준비물로 단감을 가져오래."

하시던 일을 멈추고 엄마가 나를 보고 말씀하셨다.

"단감을 지금 어디서 구하니?"

엄마의 말씀이 나를 나무라는 것처럼 들렸다. 나는 낮에 학교 옆 과일가게에서 보았던 단감이 생각났다. 엄마에게 과일가게에 있는 단감을 사서 학교에 가져가면 된다고 말하고 싶었다. 하지만 나는 아무 말도 하지 않았다. 단 한 번도 그런 적이 없었는데 그때 처음으로 우리 집이 가난하다고 느꼈다. 그렇다고 해서 내가 불행하다는 생각은 들지 않았다. 비록 우리 가정형편이 학교 준비물을 살 정도로 넉넉하지는 못했어도 사랑하는 가족이 함께 살아서 마냥 행복했기 때문이다.

그런데 이제 더 이상 나는 그 행복을 느낄 수가 없게 되었다. 그날은 숨이 막히도록 따뜻한 여름밤이었다. 엄마가 우리 곁을 떠나야 하는 날이 왔다. 환하게 불이 켜져 있는 우리 집 마당에는 동네에 사는 아주머니들과 친척들이 거의 다 모여 더욱 소란스러웠다. 엄마가 천천히 그 사람들 사이를 지나 떠나는 모습을 보았다. 나는 아무 말 없이 그 자리에 서 있다가 갑자기 하늘을 향해 커다란 소리를 질렀다. 나는 무작정 크게 소리를 냈다. 그것 외에는 내가 할 수 있는 일이 아무것도 없다고 생각했기 때문이다. 오직 내가 할 수 있는 일은 소리를 지르는 것뿐이었다.

"아아아…"

'나도 이런 소리를 낼 수가 있구나.'

나는 점점 더 크게 소리를 냈다. 처음에는 소리를 지르면서 기분이 좋았다. 하지만 그렇게 계속하다 보니 어느 순간 소리를 지르는 것을 이제 그만하고 멈추고 싶다는 생각이 들었다. 그런데 내가 그것을 멈추고 싶다고 생각하면 할수록 내 소리는 더 커지고 도무지 멈출 생각을 하지 않았다. 그리고 내 머릿속에서는 검은색 동그라미가 점점 작아져 어디인가 깊은 곳으로 빠져들어 가고 있었다. 무서울 정도로 점점 더 점점 더 깊은 곳으로 빠져들어 가는 것이 느껴졌다.

그때였다. 누군가가 나에게 다가왔다. 그러고는 하늘을 향해 고개를 들고 있던 나를 똑바로 세워 안아주었다. 내 주변으로 익숙한 엄마의 목소리가 은은하게 퍼졌다.

"괜찮아, 밀애야. 괜찮아. 이제 괜찮아."

엄마의 손이 따뜻하게 내 등을 쓰다듬었다. 나는 자세를 바르게 했다. 따뜻하게 나를 쓰다듬는 엄마의 손에 집중했더니 내 소리가 멎었다. 더 이상 내 안에서 아무 소리도 나지 않았다. 계속해서 엄마는 나를 안고 내 등을 쓰다듬어 주셨다.

'엄마? 정말 괜찮은 거지?'

나는 엄마를 보며 미소를 지었다.

엄마와 나는 함께 집을 나섰다. 밤하늘을 바라보며

걸어가는데 그 검은 밤하늘 속의 별들이 내 발끝까지 가득했다. 안도의 숨을 내쉬며 맡아보는 내 주변의 밤공기가 아늑하고 포근했다. 걷다 보니 어느덧 우리는 미나네 집 앞에 도착했다. 그녀는 내 친구였고 엄마는 미나네 엄마를 언니라고 불렀다. 우리는 그곳에서 하룻밤을 보냈다. 다음 날 아침을 먹고 엄마가 연락하겠다는 말을 남기고 노원으로 떠나셨다.

"미나야, 어느 누구한테도 우리 엄마에 대해서 말하면 안 돼."

"응. 얘기 안 할게."

나는 상쾌한 아침 공기를 마시며 내 친구 미나와 함께 학교로 향했다. 그날 오후 학교 수업을 마치고 집으로 돌아왔는데 이웃에 사는 고모가 우리 집에 왔다. 나는 반갑게 그녀를 맞이했다.

"안녕하세요?"

"아빠는 계시니?"

"네, 방에 계세요."

나는 그녀와 함께 안방으로 들어갔다. 방안에서 할머니와 아빠가 이야기를 나누고 계셨다. 그녀는 할머니 옆에 자리를 잡고 앉았다. 그러더니 갑자기 언성을 높였다.

"아니, 어떻게 어린애도 있는데. 저 애들은 어떻게 하라고."

우리 엄마보다 나이도 한참 어린 그녀가 큰소리로 아빠를 향해 하는 말을 듣고 나는 무척 화가 났다. 하지만 내 옆에 앉아 계시던 아빠와 할머니께서는 아무 말씀도 없이 묵묵히 듣기만 하셨다. 이쯤 되니 나도 목소리를 높여서 그녀를 향해 무슨 말이라도 해보고 싶었다. 우리 엄마 편을 들어가며 그녀에게 큰소리로 화도 내고 대들어도 보고 싶었다. 하지만 나는 아빠와 할머니 앞에서 큰소리를 내고 싶지 않았기 때문에 지금 상황을 꾹 참았다. 결국 나는 마음속으로 이렇게 말했다.

'어떻게 네가 그런 말을 하니? 우리 엄마가 만드신 맛있는 카레를 네가 얼마나 많이 먹었는데.'

마음속으로 이렇게라도 반말하고 나니 아까보다 내 화가 누그러졌다. 아빠와 할머니께서 아무 말씀도 없이 가만히 계셔서 그런지 그녀도 더는 말하지 않았다. 그러자 아빠가 그녀에게 말씀하셨다.

"저녁 먹고 가렴."

"약속이 있어서 이만 가 봐야 해요."

그녀는 말을 마치고 곧장 자리에서 일어나 밖으로 나갔다. 나는 그녀가 가는 뒷모습을 보며 다시는 우리 집에 오지 않았으면 좋겠다고 생각했다.

며칠 뒤 학교에서 점심시간이 되어 나는 내 친구 영진이, 수미와 함께 셋이 맛있게 밥을 먹고 있었다. 그런데 갑자기 교실 앞문이 열리더니 하얀색 강아지를 안고 있는 한 아주머니께서 누군가를 찾으셨다. 그때 같이 밥을 먹고 있던 내 단짝 친구 영진이가 아무 말 없이 의자에서 일어나 교실 앞문 쪽으로 다가갔다. 그리고 아주머니께 오후 수업 준비물을 받아 왔다.

"둘이 하나도 안 닮았지? 새엄마야. 쟤네 부모님이 이혼하셨잖아."

나는 수미의 말을 듣고 충격을 받았다. 그 일이 있은 뒤로 우리 반에서 공부를 1등 하고 얼굴도 하얗고 예뻤던 영진이가 더 이상 부럽지 않았다.

이제 우리 엄마와 아빠도 이혼하셨다. 내 친구들에게 우리 부모님도 이혼하셨다고 말하는 것이 당연히 싫었다. 그래서 중학교에 다닐 때도 심지어 고등학교에 올라가서도 그 누구에게도 내 입으로 우리 가정 사에 대한 이야기를 하지 않았다.

중학교 3학년 담임선생님과 함께 진로 상담을 했던 날이 생각난다.

"너는 왜 노원으로 고등학교를 진학하려는 거니?"

"그냥요."

나는 살짝 미소를 지어 보였다. 더 이상 선생님께서는 아무 말씀도 하지 않으셨다. 그래서 우리의 대화는 여기서 끝났다.

도시락

"여자는 많이 배워서는 안 돼. 고등학교만 나와 시집을 가면 그만이야. 아랫마을에 사는 그 집 딸도 고등학교를 졸업하고 간호사가 되어서 일을 조금 하다가 그만두고 시집을 갔어."

아빠는 나와 내 동생들을 앉혀 놓고 오늘도 이렇게 말씀하셨다. 나는 아빠가 하시는 말씀을 들으면 들을수록 공부가 더 하고 싶어졌다. 더 많이 배워야겠다고 생각했다. 급기야 나는 중학교 3학년 때 가족들 몰래 노원여고에 가서 입학시험을 치렀다. 결과는 합격이었다.

'내가 시험에 합격했어.'

고등학교 합격증을 들고 버스를 타고 엄마가 살고 계신 노원에 도착했다. 버스에서 내려 한참을 걸었다. 주소를 들고 찾아간 곳은 골목 주택가에서도 제일 허름하게 생긴 작은 집이었다. 엄마는 혼자 그곳에서 살고 계셨다. 집 벽에는 아주 작은 문이 하나 나 있었는데 그 문을 열고 들어가면 조그만 부엌이 나왔고 안쪽으로 조금 더 큰 방이 있었다. 그곳의 문을 열자마자 내가 좋아하는 엄마 냄새가 가득 났다. 엄마 냄새를 맡고 나니 무척 배가 고팠다. 그래서 밥상을 펴고 냉장고에서 김치와 김을 꺼내어 맛있게 밥을 먹었다. 저녁 늦게 엄마가 집으로 돌아오셨다.

"엄마, 나 노원여고에 합격했어요."

몹시 기뻤던 나는 엄마에게 합격증을 내밀었다. 내 예상과 달리 엄마는 좋아하지 않으셨다. 오히려 걱정하며 나에게 말씀하셨다.

"내가 너를 어떻게 가르치니?"

엄마께서 말씀은 그렇게 하셨지만 나를 다시 아빠 집으로 돌려보내지는 않으셨다. 나는 엄마가 걱정하는 것이 무엇인지 알았다. 하지만 이제 엄마와 같이 살게 되었다는 생각에 뛸 듯이 기뻤다.

설레며 기다리던 고등학교 첫 등교일이었다. 학교에 가서 교실에 앉고 보니 점심을 혼자서 먹어야 한다는 사실이 가장 크게 걱정이 되었다. 슬쩍 주변을 둘러보다가 내 옆자리에 앉아 있는 아이가 친구가 별로 없어 보였다. 나처럼 혼자 먹지는 않을까 하는 생각이 들어 이름도 모르는 내 옆에 앉아 있는 아이에게 이렇게 말을 걸었다.

"점심 같이 먹을래?"

"그래."

잠깐 정면을 응시하더니 그녀는 흔쾌히 그러자고 대답했다. 이제 도시락을 같이 먹을 친구가 생겨서 나는 안심했다.

오전 수업이 끝나는 종소리가 울리고 드디어 내가 가장 좋아하는 점심시간이 왔다. 나는 도시락을 꺼내어 엄마가 싸주신 맛있는 반찬을 열어보았다. 내 짝꿍도 도시락을 꺼냈다. 그런데 갑자기 교실 삼분의 일 정도가 되는 아이들이 일제히 일어났다. 그 많은 아이가 책상을 들고 밀고 끌고 와 내 짝꿍 책상 옆에 붙이더니 둥그렇게 둘러앉았다. 내가 도시락을 먹자고 한 그 친구가, 우리 반에서 제일 인기가 많고 학교에서 모르는 사람이 없을 정도로 유명한 아이였다는 것을 그제야 알았다. 평범한 외모를 한 그 친구의 이름은 정연이다. 그녀는 능숙하게 말을 잘하는 달변가였다. 그녀가 하는 이야기를 들으면 누구든 무척 흥미롭고 재미있어했다. 우리는 점심을 같이 먹고 양치를 한 후 양치 컵과 칫솔을 들고 거의 매일 학교 주변을 거닐며 이야기를 나누곤 했다.

"정연아, 너는 어쩌면 이렇게 말을 잘하니? 네가 하는 이야기는 모두 재미있고 무척 흥미로워. 나중에 너는 뭐든 하나는 할 거야."

그녀가 내 말을 듣고 밝게 웃었다. 나에 관한 모든 이야기를 그녀에게 속속들이 말을 하지 못했지만, 왠지 그녀는 이미 다 알고 있다는 생각이 들었다.

내가 고등학교에 들어가자마자 중학교 1학년 때 담임선생님께서 노원여고로 편지를 보내주셨다. 정성스럽게 쓰여 있는 글에는 선생님께서 여행 중이라는 내용이 담겨있었다. 나는 선생님께 답장을 쓰고 싶었지만 망설이다가 그만두었다. 우리 가정사를 너무도 잘 알고 계신 선생님이 무척 부담스럽게 느껴졌기 때문이다.

중학교 때까지 살던 온곡에 비해 노원여고는 학생 수도 훨씬 많고 무엇보다 여러 방면에서 뛰어난 학생들이 많았다. 그들에게 주눅이 들어 무엇이든 잘 해낼 자신이 없었다. 그런데 입학하고 얼마 지나지 않아 담임선생님과 상담하면서 선생님께서 해주신 이 한마디 덕분에 나는 보다 자신감을 갖고 학교생활을 시작할 수가 있었다.

"밀애야, 네 입학성적이 꽤 우수해. 이 정도의 성적을 유지한다면 앞으로 좋은 대학도 갈 수가 있겠구나."

지금 돌이켜보면 나는 내 입학성적을 직접 보지는 못

했지만, 선생님 덕분에 자신감이 생겨 수업 시간마다 선생님들의 입을 쳐다보며 귀를 기울였다.

정연이 다음으로 친했던 친구는 승민이다. 그녀와 친하게 된 계기는 2학년 수학여행 때 있었던 일 때문이다. 우리는 같은 반이었는데 수학여행을 다녀오던 날 휴게소에서 이런저런 이야기를 나누게 되었다. 그녀는 이야기하다 말고 간식으로 싸 온 토스트를 가방에서 꺼내어 나에게 건네주었다.

"이 프렌치토스트 정말 맛있어."

슬며시 꺼내준 프렌치토스트는 정말 맛이 좋았다.

"우리 고모가 만들어 주신 거야."

"고모가 요리를 무척 잘하시는구나."

"응. 그런데 진짜 고모는 아니야."

"진짜 고모가 아니야?"

나는 놀라며 그녀를 쳐다보았다.

"응. 지금 같이 사는 우리 아빠도 친아빠가 아니야."

이상한 생각이 들어서 갸우뚱한 얼굴을 하고 쳐다보았지만, 그녀는 나를 보고 아무렇지도 않은 듯 말했다.

"엄마가 재혼을 하셨거든. 아빠는 오래 전에 돌아가셨어."

"그랬구나."

나도 그녀에게 할 말이 남아 있었지만 버스가 출발할 시간이 되어서 그만 두었다. 뜻밖의 그녀의 고백에 조금 놀랐지만 한편으로는 그녀의 가정사가 나에게 위로가 되었다.

신작로

"학교에서 별일 없었니?"

"응."

"저녁 먼저 먹어."

"응."

"동생들한테는 별 얘기 하지 마."

"알았어."

엄마의 질문에 대한 내 대답은 항상 똑같았다. 나는 엄마와 살면서 마음이 답답할 때가 많았다. 엄마를 볼 때면 거의 매일 마음이 답답해졌다. 걱정이 많았던 나는 엄마에게 말하는 것을 더욱 조심히 했다. 엄마에게 하고 싶은 말이 있어도 많이 참았다. 우리는 거의 대화를 나누지 않았다. 마치 서로가 말하지 않아도 아는 것처럼 행동했다. 그래서 하루 종일 서로에게 무슨 일이 있었는지 알 수가 없었다.

나는 학교에서 돌아와 책상에 앉아 있다가 엄마가 온종일 식당에서 일을 하고 집으로 돌아와서 주무실 때가 되면 그제야 의자에서 내려와 잠을 잤다. 매일 매일 학교와 집을 오가며 하루하루를 견디기 위해서 나는 가수들의 노래를 들었다. 노래를 부르며 집에 오고 노래를 들으며 학교에 갔다. 그리고 나는 꿈을 꾸었다. 내가 좋아하는 그 가수의 노랫말 속 이야기처럼 꼭 그런 삶을 살아갈 거라고 다짐했다. 무엇보다 내가 결혼하면 이혼은 절대 하지 않아야겠다고 생각했다.

고3이 되어 우리는 이사했다. 이사를 한 곳은 방도 두 개이고 화장실에서 샤워도 할 수 있었다. 그런데 그곳이 우리 반 친구의 집이라는 것을 나중에야 알게 되었다. 나는 그 친구와 같이 등교하거나 마음을 터놓고 이야기를 해 본 적이 단 한 번도 없었다. 졸업할 때까지도 말이다.

노원에서 학교 다니면서 주말이 되면 아빠와 할머니 그리고 동생들이 살고 있는 온곡집에 내려갔다. 언덕길을 지나 신작로를 걸어가면서 나는 어떤 다짐을 하곤 했다.

'나도 금의환향해야 하지 않을까.'

한자 시간에 금의환향을 배운 뒤로 이 말을 떠올리면 내가 꼭 성공해서 고향으로 돌아오는 모습이 그려졌다. 언젠가는 성공해서 이 신작로를 걷겠노라고 다짐하며 웃었다. 신작로를 걸어 온곡집에 다다라 대문 쪽을 바라보면 집 앞에서 나를 기다리고 서있는 두 명의 동생이 보였다. 갈 때마다 내 동생들이 웃으며 나를 반겨 주었다.

"얼마나 기다리고 있었던 거야?"

"언니!"

둘째 동생이 나에게 와서 안겼다. 나는 동생의 머리를 살며시 쓰다듬어 주었다.

"어서 들어가자."

저녁때가 다 되어 검은색 깊은 프라이팬에 아빠가 좋아하시는 감자볶음을 만들었다. 아빠는 내가 만든 감자볶음을 드실 때마다 간이 싱겁다고 하셨다. 아무리 열심히 해봐도 엄마가 해주셨던 양파가 들어간 그 감자볶음 맛을 내기는 어려웠다.

다음 날 아침 일찍 일어나 마당에 나왔다. 따뜻한 마당에서 하얀색 스티로폼 의자에 앉아 빨간색 다라 안에 가득 담겨 있는 초록색 고구마 순 줄기를 다듬고 계시던 할머니께서 나를 쳐다보셨다. 오늘은 어쩐 일인지 할머니께서 엄마의 안부를 다 물으셨다.

"네 엄마는 잘 있니? 내가 그 나이였으면 날아다녔겠구나."

'엄마가 무슨 새인가요.'

"매일 식당에서 일을 하고 있어요."

내 말을 들은 할머니께서 막냇동생을 가리키며 이렇게 말씀하셨다.

"내 저 어린 것을 키우느라고, 얼마나 눈물이 나던지."

'할머니가 그러셨으면 엄마는 또 얼마나 많은 눈물을 흘렸을까요.'

할머니는 눈을 지그시 감으셨다. 그때 마침 논에서 일을 하고 돌아오신 아빠가 말씀하셨다.

"어머니가 돌아가셔야 무슨 각단이 날 텐데. 이렇게 참나. 안 돌아가시니. 이것 참 큰일이네."

그 말을 듣고 할머니께서는 고구마 순 줄기를 다듬다 말고 이렇게 말씀하셨다.

"내가 빨리 죽어야 하는데. 안 죽어져. 이 노릇을 어쩌면 좋다니."

말을 끝내신 할머니께서는 입을 한번 꾹 다무시더니 작은 눈을 끔벅끔벅하셨다. 옆에서 두 분의 대화를 듣고 있던 나는 할머니가 상심이 크실 것 같아 걱정되었다. 무슨 말이든 할머니께 위로가 될 수 있는 말을 생각해 보았다. 나는 집을 나서면서 할머니에게 귓속말로 이렇게 말씀을 드렸다.

"할머니가 오래 살아야 우리가 오래 살지."

할머니는 곁눈질로 나를 보시더니 살짝 미소를 지으시고 입을 다무셨다. 나는 모두에게 인사를 하고 집을 나섰다. 그리고 신작로를 걸어가면서 뒤를 돌아보았다. 저 멀리 서 계시던 할머니께서 나를 향해 손을 흔드셨다. 그래서 나도 할머니를 향해 손을 흔들었다. 나는 조금 걸어가다가 걸음을 멈추고 다시 뒤를 돌아보았다. 할머니도 가시던 길을 멈추고 돌아보셨다. 나는 할머니를 향해 또 손을 흔들었다. 할머니가 나를 향해 손을 흔들고 계셨기 때문이다. 우리는 서로가 안 보일 때까지 돌아보며 손을 흔들었다. 온곡집에 내려갈 때면 항상 신나고 좋았지만 다시 혼자서 버스를 타고 노원으로 올라 올 때면 마음이 답답해졌다. 나를 반기던 동생들이 자꾸만 생각이 났다.

그러던 어느 날 내가 손꼽아 바라던 일이 일어났다. 엄마와 아빠가 서로 만난 것이다. 만난 장소는 엄마와 내가 살고 있는 노원 집이었다. 거기서 엄마와 아빠가 만났고 나도 있었다. 아빠는 고향을 떠나서 살 수는 없다고 하셨다. 아빠는 엄마에게 다시 온곡에 내려가서 살자고 말씀하셨다. 하지만 엄마는 다시 또 온곡에 가서 살 수는 없다고 하셨다. 그곳을 떠나 노원에서 살자고 하셨다. 두 분은 서로의 입장만 확인하고 헤어졌다. 동생들을 생각해서라도 내가 무슨 말이든 해야 하는데 나는 아무 말도 하지 않았다. 두 분의 말이 일리가 있다고 생각했기 때문이다. 그 일이 있은 뒤로 두 분의 사이는 더 안 좋아지셨다.

대학교 문

"밀애야, 너는 어느 학교에 지원할 거니?"

집에 갈 준비를 하는 내게 정원이가 다가와 물었다. 생각할 것도 없이 나는 자신 있게 대답했다.

"간호대학에 지원하려고 해. 너는 어느 학교에 지원하니?"

"교대. 교대에 원서를 쓸 거야."

"교대?"

"응."

그때까지 나는 교대라는 대학교가 있다는 것을 몰랐다. 그녀를 통해서 난생처음으로 교육대학교에 대해서 알게 되었다. 그녀는 계속해서 말을 이어나갔다.

"거기는 90퍼센트 이상이 취업이 돼. 졸업하고 임용시험을 보면 교육공무원이 되는 거야. 교대는 전국에 하나씩 있어."

그녀는 교대에 대한 정보가 많았다. 고등학교를 입학하면서부터 교대를 목표로 공부했다고 하니 거기에 내가 낄 틈은 없어 보였다.

그녀와 이야기를 나누면서 알게 되었는데 그녀의 아빠는 현재 고등학교 교장선생님이셨다. 그리고 그녀는 1남 2녀 중 막내였는데 그녀의 엄마도 오빠도 언니도 모두 교직에 있었다. 교육자 집안의 아이를 만난 것은 처음이었다. 나는 정원이 아버지가 우리 아빠보다도 연세가 많으신데 그 당시에 공부하셨다는 게 대단하게 느껴졌다.

'우리 엄마와 아빠도 공부를 조금 더 할 수 있었다면 자신의 꿈을 이루셨을 텐데.'

엄마와 아빠는 공부를 더 하고 싶었지만, 당시 가정형편이 좋지 않아서 초등학교를 졸업하고 더 이상 학교에 다니지 못했다고 하셨다. 엄마는 초등학교 시절에 교과서를 모두 다 외워서 교장선생님과 악수했다고 하셨고 아빠는 초등학교에 들어가기 전에 이미 천자문을 다 뗐다고 하셨다. 엄마와 아빠가 하시는 말씀을 듣고 나는 결코 이뤄낼 수 없는 그 일들이 대단하게 여겨졌다. 정원이와 평소에 좀 더 친하게 지냈더라면 좋았겠다고 생각했다.

수능시험을 무사히 치르고 정시 모집 원서를 접수했다. 평소보다 수능성적이 잘 나와서 나는 조금 들떠 있었다. 내가 원했던 간호대학에 원서를 냈고 얼떨결에 정원이와 함께 두 곳의 교대에도 원서를 냈다.

'간호대학에 꼭 합격했으면 좋겠어.'

얼마 뒤 드디어 대학 합격자 발표가 났다. 내가 바랐던 대로 서울에 있는 간호대학에 한 번에 합격하였다. 비록 교대는 떨어졌지만, 간호대학에 한 번에 합격한 것이 무척 기뻤다.

간호대학에 등록금을 납부하고 엄마와 함께 서울에 있는 큰 이모 댁을 방문했다. 큰이모와 큰이모부를 만나고 나서야 대학에 합격한 것이 더욱 실감이 났다.

"축하해, 밀애야. 정말 잘했구나."

"감사해요."

"여기 이 방을 쓰면 되겠네."

이모는 큰오빠가 썼던 방을 나에게 보여주셨다. 방에 있는 책장에 책들이 빼곡하게 꽂혀 있었는데 읽어보고 싶은 책들이 여러 권 있었다.

　　집으로 돌아온 나는 대학 생활을 기대하며 서점에 가서 두 권의 책도 사서 읽었다. 평온한 하루하루를 보내던 어느 날 2월의 마지막 주 소란스럽게 전화벨이 울렸다.

　　"안녕하세요? K 교대입니다. 축하드립니다. 추가합격을 하셨습니다."

　　뜻밖의 전화를 받고 조금 설레는 마음이 들었다. 내 성적으로 교대에 추가 합격을 했다고 하니 조금 우쭐해져서 보다 의기양양한 목소리로 이렇게 대답을 했다.

　　"저는 다른 대학교에 합격을 했어요."

　　"네, 알겠습니다."

　　나는 이미 간호대학에 합격을 한 상태였기 때문에 이미 마음은 간호대학생이었다. 그런데 전화를 끊고 잠시 뒤에 더 소란스러운 전화벨이 울렸다. 이번에는 C 교대에서 온 전화였다.

　　"안녕하세요? C 교대입니다. 축하드립니다. 추가합격을 하셨습니다."

　　한번 해본 나는 아까보다 더 의기양양한 목소리로 전화기에 대고 말했다.

　　"저는 다른 대학교에 합격을 했어요."

　　미소를 지으며 전화기를 내려놓으려고 했다. 그런데 전화기 너머로 큰소리가 났다.

　　"어디 학교에 합격을 하셨죠?"

　　'내가 꼭 대답을 해야 할까.'

　　조금 망설여졌지만 단호하게 말했다.

"간호대학이요."

그리고 생각지도 못한 뜻밖의 대답을 들었다.

"그렇군요. 이런 얘기를 드리긴 뭐 하지만 간호대학을 졸업하면 간호사가 돼요. 하지만 교대를 졸업하면 존경을 받는 선생님 소리를 듣게 됩니다."

그 말을 듣고 내 머릿속이 복잡해졌다. 결국 나는 전화기를 귀에 대고 갈등하기 시작했다. 저렇게까지 말씀을 하시는데 그 제안을 딱 잘라 거절하기가 어려웠던 것이다. 적어도 엄마에게 통화 내용을 한 번 말씀이라도 드려봐야겠다는 생각이 들었다.

"잠시만요. 제가 다시 전화를 드릴게요."

"꼭 전화주세요."

전화를 끊고 한창 바쁠 시간에 식당에서 일을 하고 계신 엄마에게 전화를 걸었다.

"엄마, C 교대에서 전화가 왔어. 내가 추가합격을 했대. 어떻게 하지?"

"교대? 거기는 4년제 아니니?"

엄마는 내가 교대에 원서 낸 사실도 모르고 계셨다.

"4년제 맞아. 졸업하면 교사가 되는 거야. 공무원."

"네가 간호대학을 졸업하고 조금이나마 집안에 보탬이 되어야지. 이모네 집에서 다니면 되고 간호대학을 졸업해서 또 시험을 보면 공무원도 될 수 있다고 하더라."

'교대가 더 공무원이 되기 쉬운데.'

엄마와 통화를 끝내고 아쉬운 마음도 들었다. 어쨌든 빨리 전화를 걸기가 싫었다. C 교대에 전화를 걸기 위해 천천히 전화번호를 찾아보고 있는데 또 전화벨이 울렸다. 엄마였다.

"교대가 더 낫다고 하는구나."

'어떻게 하는 게 맞지.'

"그럼, 간호대학을 취소해야 하는데."

"간호대학에 다니는 것보다 교대에 다니는 게 낫다고 하네. 여기 사람들도 그렇게 말하는구나."

알았다고 대답하고 전화를 끊었지만 이게 정말 맞는지 고민이 되었다. 교대에도 관심이 생기긴 했지만 이미 간호대학으로 마음을 정해 놨기 때문에 막상 마음을 바꾸려니 쉽지 않았다. 생각해 보면 내가 여태껏 살아오면서 이런 갈등을 해본 적이 단 한 번도 없었다. 이런 상황이 오면 항상 엄마가 하라는 대로 하고 그 결정을 따르면 되었다. 그런데 지금은 엄마가 하라는 대로 하기에는 오늘 이 일이 나에게 너무 중대하고 거의 내 인생 전부가 달린 선택의 문제처럼 여겨졌다. 누구에게든 당장 전화를 걸어 조언을 들어보면 결정을 내리는데 조금 더 쉬웠을 테지만 그때 나는 아무도 떠오르지 않았다. 엄마가 처음에는 간호대학에 가라고 하셨다가 다른 사람들의 말을 들어보고 교대에 가라고 했다고 해서 그것이 엄마의 잘못이라고는 할 수 없었다. 무엇보다 엄마는 간호대학을 제외하고 다른 대학에 대한 정보가 없으셨고 더구나 교대에 원서를 낸 것은 나 혼자서 한 결정이었기 때문이다. 내게서 교대에 합격했다는 소리를 들었을 때 엄마는 무척 당황스러우셨을 것이다. 나는 여러 가지 생각이 들었지만, 그동안 그랬던 것처럼 엄마의 말에 따르기로 했다. 그리고 교대로 다시 눈을 돌렸다.

"교대에 등록할게요."

"정말 축하드려요."

'아, 이렇게 나의 대학 생활이 시작되는구나.'

다음 날 아침 일찍 엄마와 나는 서울에 올라가서 간호대학을 취소하고 C 교대에 도착했다. 우리는 서둘러 행정실로 들어갔다.

"안녕하세요? 추가합격을 해서 등록을 하러 왔어요."

"두밀애?"

어디선가 나와 통화를 했던 목소리가 들려왔다. 쉽사리 등록하겠다고 말하지 못하고 오랫동안 고민을 했던 나는 수줍게 대답했다.

"네."

"두밀애, 두밀애가 바로 저 애네요. 누군지 정말 궁금했어요."

여기저기서 나를 쳐다보았다. 나는 그 시선들이 부끄럽기도 하고 뿌듯하기도 했다.

첫 강의를 듣고 쉬는 시간이 되어 강의실에 모인 친구들이 서로 웃으며 교대 합격 얘기를 하고 있었다.

"내가 문을 닫고 들어왔어."

"아니야, 나야."

정작 추가 합격을 해서 문을 닫고 들어왔던 나는 한마디도 하지 못했다. 강의실 맨 앞자리에 앉아 그들의 이야기를 가만히 들었다.

심장

나도 대학교 근처에서 하숙했는데 우리 하숙집에는 C 교대에 다니는 학생들이 다섯 명이나 됐다. 그중에서 신입생은 나를 포함해서 3명이었고 두 명은 선배 언니들이었다. 하숙집에서 첫날을 보내고 다함께 모여 아침을 먹었다. 맛있게 아침밥을 먹고 있는데 다미 언니가 예쁘게 미소를 지으며 나에게 물었다.

"너는 어디에서 왔니?"

"노원에서 왔어요."

"우리 동아리에도 노원에서 온 선배가 있는데."

그 말을 하고 그녀는 살짝 웃었다. 나는 그녀의 웃음소리를 듣고 갑자기 그 동아리에 몹시 가입하고 싶어졌다. 그래서 용기를 내어 조심스럽게 말을 꺼냈다.

"언니네 동아리 이름이 뭐예요?"

내 물음에 언니는 망설임 없이 대답했다.

"봉사활동을 하는 동아리야. 아마 오늘부터 동아리 가입을 받을 거야. 관심 있으면 한번 와."

"그럴게요."

나는 다른 동아리는 가 볼 생각도 안 하고 일찌감치 그 봉사 동아리에 가입했다. 그리고 시간이 날 때마다 동아리 방에 가서 앉아 있곤 했다.

'그 노원 선배라는 사람은 누구일까.'

동아리에 가입한 지 며칠이 지나고 새내기 환영식 날이 되었다. 드디어 노원이 고향인 그 선배를 만났다. 곱슬곱슬한 머리를 하고 안경을 쓴 그는 키가 무척 컸다.

"안녕!"

"안녕하세요."

"너도 노원에서 왔다며? 나도 노원 사람이야. 그럼, 노원여고를 나왔겠네?"

"네."

나는 그를 보고 첫눈에 반하고 말았다. 그 짧은 대화를 나누면서 그가 내 마음을 알아주길 바랐다. 그가 있으면 다정한 목소리와 따뜻한 웃음소리에서 향기가 나 동아리방 안에 가득 퍼졌다. 몹시 좋아하는 사람이 생기고 난 이후로 동아리 방에 가는 길은 항상 설레었다. 그를 만나고 싶으면 내가 동아리 방에 가서 기다리면 되었다.

"다들 다음 주에 동아리 엠티 가는 거 알지?"

"응."

우리들이 동아리 방에 모여 수다를 떨며 한참 이야기를 나누고 있는데 그가 들어왔다.

"엠티 준비들 잘해."

"네."

좀 더 오래 동아리 방에 같이 있었으면 하고 바랐는데 그는 금세 가버렸다. 그는 항상 바빴는데 알고 보니 밴드 동아리 회장직도 맡고 있었다.

드디어 기다리고 기다리던 주말이 되어 우리들은 근처 계곡으로 동아리 엠티를 갔다. 민박집에서 하루를 보내고 다음 날 아침 일찍 계곡 주변을 산책했다. 날씨도 내 마음도 모든 것이 다 좋은 날이었다. 여럿이 함께 걸었는데 내가 맨 앞에 서서 걸었다. 왜냐하면 그가 맨 앞에 서서 걸어갔기 때문이다. 나는 고개를 들어 그를 올려다보며 그의 이야기를 들으며 웃었다. 가끔 그와 눈이 마주쳤는데 그때마다 나는 행복해서 입가에 미소가 절로 피어났다. 그도 내가 웃는 것을 보며 즐거운 듯 계속해서 이야기를 들려주었다. 하늘에서 빛이 내려와 키가 컸던 그의 얼굴에 먼저 비추고 그 빛이 다시 온 세상을 환하고 따뜻하게 했다.

거절을 당하더라도 그에게 좋아한다고 말하고 싶었지만 여러 가지가 걸리는 게 많았던 나는 용기가 나지 않았다. 무엇보다도 가정형편이 어려웠던 내가 부유해 보이는 그와는 어울리지 않는다고 생각했다. 나중에 알게 된 사실이지만 그의 부모님도 초등학교 선생님이셨다. 그 말을 듣고 나와는 다른 세상에서 살았을 그를 생각하니 우리의 사이가 더욱 멀게만 느껴졌다.

1학기를 마치고 여름방학이 되어 노원에 내려갔다. 동아리에서 방학이 되면 편지를 보내왔는데 꼭 노원으로 편지가 왔다. 편지에는 일주일 동안 동아리에서 실시하는 교육봉사활동이 쓰여 있었다. 편지를 받은 나는 방학 동안에 하는 그 봉사활동을 꼭 하러 가고 싶었다. 그래서 용기를 내어 엄마에게 그 편지를 보여드렸다.

"학교에서 방학 동안에 교육봉사활동을 하러 간대."
"꼭 가야 하니?"
"아니."
"그럼 가지 마."

꼭 가야 하는 봉사활동이라고 말했으면 얼마나 좋았을까. 무척 가고 싶은데도 불구하고 엄마가 여러 가지 걱정을 하고 계셨기 때문에 더는 엄마에게 말하지 않았다.

다음 학기가 시작되고 친구들은 동아리 방에 모여 앉아 방학 동안에 있었던 봉사활동 이야기를 하며 웃음꽃을 피웠다. 즐겁게 이야기를 나누는 그들의 모습을 보며 아무렇지 않은 척 앉아서 동방 일지를 읽었다.

점심을 먹고 다음 강의를 기다리며 동아리 방에 혼자 앉아 있는데 갑자기 그 선배가 들어왔다. 그는 나를 보고 이렇게 말했다.

"내가 부르는 '취중진담' 노래를 들어야 하는데."

모두 그가 노래를 참 잘 부른다고 했다. 그가 부르는 '취중진담'이라는 노래를 나도 들어보고 싶었다. 하지만 그런 기회는 나에게 오지 않았다.

"어제 그 선배가 우리들한테 점심을 사줬어."

그가 다른 친구들에게는 밥도 잘 사주면서 나만 왜 한 번도 사주지 않는지 모르겠다며 혼자서 툴툴거렸.

한번은 이런 일도 있었다. 여느 때처럼 동아리 방에 여럿이 모여 있는데 그가 나를 향해 이렇게 말했다.

"너 같은 여자 친구가 있으면 좋겠다."

'나는 아니구나.'

그해 여름 그는 졸업했다. 더 이상 그를 만날 수 없게 된 동아리 방에 딱히 갈 이유가 떠오르지 않았다. 눈에서 멀어지면 마음에서도 멀어진다는 말처럼 그를 앞으로 볼 수 없게 되었다고 생각하니 혼자서 좋아하던 감정도 이내 사라졌다. 그렇게 내 첫사랑도 끝이 났다.

그해 가을날 수업이 끝난 교정을 혼자서 걷고 있는데

저 멀리서 그가 전화를 받으며 걸어오고 있었다. 나는 작게 소리를 내며 그를 손가락으로 가리켰다. 그도 멀리서 나를 보고 무슨 말을 하는 듯이 보였다. 하지만 우리는 각자의 길을 갔다.

나는 아쉬운 마음을 뒤로하고 서둘러 하숙집으로 돌아와 방구석에 무릎을 모으고 앉아서 조용히 내 심장 소리를 들었다. 심장이 너무 세게 쿵쾅거려서 나는 혹여나 내 심장이 멈출까 봐 덜컥 겁이 났다. 한편으로는 이런저런 생각으로 마음속이 복잡했다.

'그 사람을 정말 많이 좋아했었구나. 다시는 보지 못할 수도 있는데 가서 얘기나 한번 해볼걸 그랬어. 어쩌면 그도 나처럼 용기를 내지 못했던 건 아닐까.'

마음이 힘들 때마다 그때 내가 그에게 고백했더라면 지금의 나는 많이 달라져 있지 않을까 하는 아련함이 아직 내게 남아있다.

점수

대학에 들어가기 전까지 책을 거의 읽지 않았던 나는 대학교 수업에 쉽게 적응하지 못했다. 대학에 들어가서도 당연히 교수님 입만 쳐다보는 것이 공부하는 가장 쉬운 방법이라고 생각했다. 하지만 대학에서까지 그 방법이 통하지는 않았다. 그동안 교과서를 보면서 하는 공부를 소홀히 하였던 나는 대학에서 만난 그 두꺼운 책들을 감당할 수가 없었다.

한번은 교수님께서는 책을 들고 읽으시며 그 두꺼운 책에 밑줄을 그으라고 하셨다. 책을 읽는 것이 어려웠던 나는 책을 보며 하는 수업이 하나도 재미가 없었다.

"저 교수님은 참 좋은 분이셔."

나는 이해가 되지 않았는데 친구들은 그 교수님 수업이 끝날 때면 항상 칭찬했다.

입학한 지 얼마나 됐다고 벌써 중간고사가 일주일 앞으로 다가왔다. 나도 다른 친구들처럼 시험 기간 동안 도서관에 가서 공부했다. 오늘도 도서관 열람실은 열심히 공부하는 학생들로 가득 찼다. 모두 열심히 하고 있었는데 나는 거기서 주로 딴생각을 많이 했다. 하지만 점점 시험일이 다가오고 나는 몹시 불안하고 초조해졌다. 하루는 너무 답답해서 공부하다 말고 무작정 도서관 밖으로 나와 일을 하고 계신 엄마에게 전화를 걸었다.

"여보세요?"

그러고 싶지 않았는데 엄마의 목소리를 듣자마자 눈에서 눈물이 왈칵 솟았다.

"엄마, 공부가 너무 어려워. 아무리 해도 모르겠어."

잠시 무거운 침묵이 흐르고 전화기 너머로 나를 걱정하시는 엄마의 얼굴이 떠올랐다.

"대학교 공부가 어려울 거야. 어떻게 한다니."

"내가 알아서 할게."

눈물을 닦고 전화를 끊었는데 아까와는 달리 내 마음이 침착해졌다. 엄마와 짧은 통화를 해서 그런지 한결 마음이 편안해졌다.

첫 시험이 있던 날, 시험지를 받아 들고 답안지에 딱 한 줄의 답을 썼다. 그 한 줄을 썼더니 더 이상 내가 쓸 수 있는 말이 없었다. 멍하니 답안지를 보고 있는데 맨 앞에 앉아 있던 친구가 손을 들고 큰소리로 당당하게 외쳤다.

"교수님, 답안지 한 장 더 주세요."

그 뒤로도 답안지를 한 장 더 받아 가는 몇몇 친구들이 있었는데 그 모습들이 그저 대단했다.

'겨우 두 문제인데. 나도 공부한다고 했는데. 도대체 나는 무슨 공부를 했던 걸까.'

덩그러니 쓰여 있는 한 줄의 답이 교수님에 대한 예의가 아니라고 나에게 말했다. 그때의 내 지식으로는 더 무슨 말을 만들어 내지도 못했다. 그런데 놀랍게도 나는 B학점이라는 기대 이상의 점수를 받았다. 그것이 무척 어이가 없게 느껴졌다. 그 뒤로 나는 교수님이 참 좋으신 분이라고 생각했다.

마지막으로 본 시험은 외국인 지도 교수님의 영어시험이었다. 무사히 시험이 끝나고 다음 날 교수님은 우리에게 채점한 시험지를 확인하라고 나누어 주셨다. 시험지를 살펴보다가 설마 했는데 시험지에 틀리게 채점된 곳을 딱 하나 발견하고는 내 숨이 그만 멎는 줄 알았다. 덜컥 겁도 났다. 내가 가장 좋아하는 과목이 영어였지만 대학생이 맞나 싶을 정도로 단 하나의 문장도 영어로 완성해서 구사하지 못했기 때문이다. 영어 교수님에게 틀리게 채점이 되어 있다고 말해야 하는데 어떻게 의사 표현을 해야 할지 몰랐다. 다시 확인해 봐도 분명 틀린 답인데 동그라미가 쳐져 있었다. 자리에 앉아서 조금 망설이다가 무작정 시험지를 들고 앞으로 나갔다. 교탁 앞으로 걸어가는 동안 나는 'wrong'이라는 말을 생각해 냈다.

"Wrong. This is wrong."

나는 잘못 채점된 곳을 손으로 가리켰다. 외국인 교수님은 미소를 지으며 자신의 실수를 인정했다. 그러고 나서 붉은색 색연필로 그 문항에 틀렸다고 표시를 하셨다. 하지만 점수를 고치지는 않으셨다. 나는 교수님을 쳐다보았다. 그러자 교수님은 어떤 말을 영어로 유창하게 하셨다. 들어보니 교수님께서는 나에게 정직함에 대한 점수를 준다고 하셨다. 나는 교수님에게 감사하다 말하고 자리에 돌아와 앉았다. 그리고 나도 선생님이 되면 내 학생들에게 정직함에 대한 점수를 줄 거라고 다짐했다.

편지

오늘은 체육 수업 시간에 물구나무서기와 옆 돌기를 배웠다. 몸매가 늘씬하고 키가 큰 친구들이 시원시원하게 자세를 취하고 착지를 했다. 아무리 그 자세를 흉내 내보려고 해도 물구나무서기도 옆 돌기도 나에게는 너무 어려웠다. 결국 시험을 보고 점수를 받는데 내 점수 칸에는 C도 E도 아닌 점이 찍혔다. 그래서 다음 주에 재시험을 봐야만 했다. 체육 시간을 무척 좋아했는데 내가 가장 좋아하는 수업은 두 번이나 A를 받은 탁구 수업이었다. 여러 가지 예체능 과목을 배우면서 즐거움도 컸지만 모든 과목을 배워서 잘해야 한다는 것이 항상 부담이 되었다.

체육수업이 끝나고 나는 친구들과 함께 진영이네 하숙집에 갔다. 나도 하숙을 하고 있었는데 오후 수업도 있고 해서 오늘은 학교에서 제일 가까운 진영이네 하숙집에서 샤워를 할 생각으로 찾아갔다. 진영이네 하숙집은 이층집이었는데 1층에 학생들이 하숙을 하는 방이 있고 2층에 주인이 거주하는 집이 있었다.

"진영아, 나 너희 하숙집에서 씻어도 돼?"

나는 집에 있는 진영이를 향해 큰소리로 외쳤다. 잠시 뒤 문을 열고 그녀가 나왔다.

"야, 조용히 좀 해. 아주머니가 다 듣겠어."

'아주머니가 들으라고 한 얘긴데… 아주머니가 들어서 안 될 일이면 하면 안 되지. 모든 것이 내 마음과는 다르구나.'

주인집 아주머니에게 허락을 받고 싶었지만 아주머니와 직접 만나서 이야기를 나누기가 어렵다는 생각이 들었다. 그래서 나름대로 허락을 받을 수 있는 방법으로 생각한 것이 오해를 불러온 것이다. 그날 나는 진영이네 집에서 샤워를 하지 않고 오후 수업을 들었다.

오후 수업은 음악 수업이었다. 피아노를 치는 시간이었기 때문에 우리 모두 피아노 앞에 앉아서 수업을 들었다. 피아노를 잘 치는 친구들은 앞다투어 앞자리를 차지하고 앉았다. 당연히 나는 뒷자리에 편안하게 앉았다. 교수님의 강의가 끝나고 우리들은 교재에 나와 있는 곡을 피아노로 연주했다. 나도 나름대로 열심히 피아노를 쳤다. 그런데 갑자기 교수님이 모든 학생의 피아노를 끄고 내 피아노 소리만 들리게 했다. 나는 깜짝 놀라 조심스럽게 피아노를 쳤다.

'이렇게 많은 학생이 동시에 연주를 하는데 내가 피아노를 못 친다는 사실을 어떻게 아셨지?'

"부서지지 않으니 쾅쾅 이렇게 세게 연주해 봐요."

교수님의 말씀대로 피아노를 쳤지만 너무 떨려서 뜻대로 되지가 않았다. 평소보다 더 서툴기만 한 연주에 교수님의 표정이 더욱 어두워지셨다. 초등학교 시절에 한 달 동안 피아노 학원에 다닌 적이 있었다. 겨우 그때 그 실력으로 피아노를 치려고 하니 음악 수업이 어려울 수밖에 없었다. 그런데도 나는 음악 수업을 좋아했다. 내가 좋아하는 수업은 노래를 부르는 수업이었다.

음악 수업이 끝나고 과 대표 미희가 나에게 말했다.

"밀애야, 소개팅할래? 우리 하숙집에 사는 오빠인데 우리보다 2살이 더 많아."

"소개팅? 나도 해줘."

옆에서 같이 걷고 있던 영란이가 말했다.

"그 선배가 너 같은 사람이 이상형이래."

'나 같은 사람?'

나는 좋아서 괜히 웃음이 났다.

소개팅에 처음 나가게 된 나는 입는 옷마저 서툴렀다. 고민 고민하다가 사이즈가 큰 체크무늬 남방에 청바지를 입었다. 예쁘게 원피스를 입은 미희와 함께 나간 소개팅 자리에 말쑥한 차림을 한 남자가 밝게 웃으며 우리를 향해 인사를 했다. 우리들은 고깃집에서 만났는데 그는 열심히 고기를 구우며 더욱 열심히 자기 자랑을 늘어놓았다. 자랑할 게 별로 없었던 나는 상대방의 말을 무척 재미있어하며 들어주었다. 그렇게 우리는 더없이 즐거운 시간을 보냈다. 가게를 나왔는데 그가 타고 다니는 오토바이가 밖에 서 있었다.

"내 오토바이야. 탈래?"

"좋아요."

오토바이를 타 본 적이 없던 나는 무척 설레기도 하고 두렵기도 했다. 나는 오토바이 뒷자리에 앉아서 그 사람의 허리를 꽉 붙잡았다.

"자, 간다."

시원한 바람을 가르며 오토바이가 앞을 향해 달려 나갔다. 그의 등에서 느껴지는 따뜻한 온기가 불어오는 바람을 더욱 시원하게 했다. 그가 우리 집까지 나를 태워다 주었는데 오토바이를 타고 나서부터 그에게 더욱 호감을 갖게 되었다. 하지만 다음날이 되어도 그다음 날이 되어도 그 사람에게서 아무런 연락이 오지 않았다. 소개팅을 처음 해본 나는 그날의 기억이 생생하게 떠올라 좀처럼 그를 잊지 못했다. 소개팅하던 그날 그 많았던 웃음과 자기 자랑, 오토바이로 집까지 데려다준 것 등등이 떠올랐다. 마침내 나는 그에게 편지를 쓰기로 결심했다. 문구점에서 예쁜 편지지를 사와 장장 5장의 편지를 써서 그 사람에게 보냈다. 며칠 뒤 그에게서 답장받았다. 무척 반가웠던 편지봉투 안에는 한 장의 편지가 들어있었다. 편지지 절반에 짧은 글이 쓰여 있었는데 지금 좋아하는 사람이 있다는 그런 내용이었다. 비록 짧은 글이었지만 그 사람에 대한 내 마음을 접기에는 충분했다.

 그러던 어느 날이었다. 집에서 혼자 점심을 먹고 있는데 뜻밖에도 그에게서 전화가 왔다.

 "잘 지내니? 밥 한번 같이 먹을래?"

 아주 잠시 망설였지만, 나는 차갑게 한마디 던졌다.

 "편지 잘 받았어요."

 "그래. 그럼 잘 지내."

 전화를 끊고 김에 밥을 올리고 김치를 또 올려서 먹었다.

 '다시 한번 만나볼 걸 그랬나.'

 밥을 다 먹었더니 아까 통화로 한 그 말이 후회되고 아쉬움도 남았다. 그래서 나는 서랍에 넣어둔 그 편지를 꺼내어 다시 한번 읽어 보았다. 삐뚤빼뚤 정성스럽게 쓰인 절반의 편지가 거절한 것은 무척 잘한 일이라고 했다.

개차반

"네 성격은 개차반이야."

영란이가 대뜸 나를 보고 이렇게 말했다.

'개차반?'

그녀는 하숙하면서 친해졌는데 이제는 같이 자취하게 되었다. 우리는 '쿵짝'이 잘 맞아 항상 다른 친구들에게서 부러움을 샀다. 그런데 오늘 그녀가 나를 향해 실망한 듯이 이렇게 말한 것이다. 개차반이라는 단어가 어감상 좋은 뜻은 아닌 것 같았다. 그래서 나는 방으로 들어가 국어사전에 나와 있는 개차반의 뜻을 찾아보았다. 거기에는 이렇게 쓰여 있었다.

'개가 먹는 음식인 똥이라는 뜻으로, 언행이 몹시 더러운 사람을 속되게 이르는 말'

국어사전의 뜻을 읽고 났더니 몹시 기분이 나빴다.

'내가 개차반이면 너는? 네 성격도 만만치가 않아.'

이렇게 말을 해볼까 망설였지만 한편으로는 개차반이라는 그 어려운 단어를 알고 있는 영란이가 대단하게 느껴졌다. 그래서 아무렇지도 않은 척 그 일을 넘겼다.

'영란이가 무엇 때문에 그러는지 물어보았더라면 좋았을 텐데. 그럼 분명 그 행동을 고칠 수 있었을 거야.'

그녀는 학교 끝나고 집에 오면 방으로 들어가 먼저 검은색 라디오를 켰다. 잠들기 전까지 항상 틀어 놓았다. 라디오를 무척 아꼈던 그녀는 방학이 끝나면 그것을 자취방으로 가져오고 방학이 시작되면 다시 고향집으로 가져갔다. 그 친구 덕분에 처음으로 라디오라는 것을 알게 되었다. 당연히 거기서 나오는 음악과 가수들을 좋아할 수

밖에 없었다. 그러던 어느 날 그녀에게 남자 친구가 생겼다. 평상시에는 다 괜찮았는데 그녀가 남자 친구의 전화를 받을 때면 나는 그 옆에서 몹시 외로움을 느꼈다.

"영란아, 나 외로워. 어디 소개해 줄 남자 없니?"
"잠시만 기다려봐."
내 말이 끝나기가 무섭게 그녀는 전화를 걸었다.
"응, 알았어."
통화를 끝내고 그녀는 미소를 지어 보였다.
"괜찮은 사람이 있대. 너하고 잘 어울릴 것 같아."
"네가 아는 사람이야? 사진이라도 좀 보여줘."
"잘 몰라."

그녀는 내 시선을 피하며 대충 둘러댔다. 나중에 영란이가 말해주었는데 소개팅하기도 전에 사진을 보고 혹여 실망이라도 할까 봐 보여주지 못했다고 한다. 어떻게 생긴 사람인지도 몰랐지만, 소개팅하기로 약속을 잡고 그날을 기다리면서 무척 떨리고 설레는 날을 보냈다.

'첫인상이 정말 중요해.'

첫 소개팅에 실패하고 깨달은 바가 그것이다. 두 번째 소개팅이었고 어쩌면 마지막 소개팅이 될 수도 있다고 생각했기 때문에 더 신경이 쓰였다. 그래서 소개팅을 하기로 한 날 아침 일찍 미용실에 다녀왔다. 아직 머리를 자를 때가 되지도 않았는데 미용실에 간 이유는 거기서 머리를 자르면 예쁘게 드라이를 해주었기 때문이다. 그래서 머리를 아주 조금 잘랐다. 평소보다 더 진하게 눈썹을 그리고 붉은 색 립스틱으로 입술도 진하게 발랐다. 거기에 내가 가진 옷 중에서 그나마 예쁘다고 칭찬을 받은 옷을 입었다. 단장을 하고 나니 더욱더 설레었다.

"너 너무 예뻐."

"정말? 고마워."

칭찬을 듣고 신이 난 나는 영란이와 함께 버스를 타고 소개팅 장소에 나갔다. 수줍게 들어간 작은 커피숍 안에는 사람들이 아무도 없었다. 아직 만날 시간이 남아 있던 터라 우리는 커피를 마시며 기다리기로 했다. 하지만 아무리 기다려도 그녀의 남자 친구도 연락받지 않고 소개팅을 하기로 한 남자도 오지 않았다. 그 작은 커피숍에서 우리는 한 시간이 넘게 커피를 마셨다.

"연락해도 받지를 않네. 그냥 갈까?"

영란이의 재촉에 마지못해 자리에서 일어났다. 무거운 발걸음을 떼며 하는 수 없이 밖으로 나와 집에 가는 버스를 타기 위해 정류장으로 걸어갔다. 머리에 옷에 화장까지 이렇게 신경을 썼는데 이대로 집에 가버리는 것이 무척 아깝게만 느껴졌다. 시무룩해진 나는 집으로 가는 버스가 정류장에 도착한 것을 보고 버스에 타려고 하는 영란이를 붙잡았다. 그리고 용기를 내어 말했다.

"이대로 집에 가기에는 너무 아쉬운데."

"그럼 우리 영화라도 한 편 보고 갈까?"

"응, 좋아."

'진작 말해볼걸.'

어쨌든 기다렸던 그녀의 대답이 기뻤다. 우리는 근처에 있는 영화를 상영하는 비디오방에 갔다.

"보고 싶은 영화가 있어?"

"첨밀밀 어때?"

내가 좋아하는 영화여서 몇 번을 봐도 재미가 있었는데 오늘은 어쩐 일인지 물과 기름처럼 내 마음과 영화가 섞이지를 않았다. 영화를 보는 둥 마는 둥 하며 그녀의 남자 친구에게서 연락이 오기만을 기다리고 있었는데 꼭 전화가 올 것만 같았던 그때였다. 드디어 그녀의 전화벨이 울렸다. 남자 친구에게서 온 전화였다. 나는 여느 때와 달리 그녀의 남자 친구에게서 온 전화가 그저 반갑기만 하고 고마웠다.

"그래? 우리 영화 보고 있어. 지금 만날 수 있어."

그녀는 전화를 끊자마자 나에게 말했다.

"오빠가 길을 건너다가 사고가 날 뻔했대. 전화기를 바닥에 떨어뜨려 고장이 나서 연락하지 못했다고 하네."

"안 다쳤대?"

"다행히 괜찮대. 지금 소개팅할 남자랑 같이 있대."

우리는 얼른 비디오방을 나와 아까 그 장소로 다시 갔다. 이번에는 커피숍 안에 사람들도 많고 그녀의 남자 친구와 소개팅 할 남자도 같이 있었다.

"안녕하세요?"

영란이가 소개팅에 나온 남자에게 먼저 인사를 건넸다. 나도 따라 인사를 했다. 나는 소개팅에 나온 남자를 보자마자 무척 실망했다. 사람은 첫인상이 중요하다고 하던데 그 남자는 거적때기 같은 옷을 입고 앉아 있었기 때문이다. 실망하며 의자에 겨우 앉았는데 영란이와 그녀의 남자 친구가 함께 자리에서 일어났다.

"그럼 좋은 시간 보내. 우리는 먼저 갈게."

'영란아, 나는. 나도 같이 데려가.'

지금 그녀와 함께 자리에서 일어나 밖으로 나가고만 싶었다. 그러나 이미 그녀가 남자 친구와 함께 가버리고 소개팅하러 나온 남자와 덩그러니 둘만 남게 되었다. 한편으로는 이 남자와 오늘 어렵게 만난 것도 인연인데 무슨 얘기든 한번 나눠봐야겠다는 생각이 들었다.

"안녕하세요? 말씀 많이 들었어요."

"네, 저도요."

차를 마시며 그도 자신에 관한 여러 가지 자랑을 늘어놓았다. 나는 이야기를 나누면 나눌수록 그에게서 매력을 느꼈다. 우리는 한참을 그렇게 이야기를 나누고 밖으로 나왔다. 쌀쌀한 바람이 불어왔는데 그 사람이 자신 왼팔을 내게 내밀었다. 나는 얼른 오른손으로 그의 왼팔에 팔짱을 끼었다. 우리는 첫 만남에 팔짱을 끼고 걸었다.

다음날 그를 다시 만난 나는 용기를 내어 물었다.

"우리는 사귀는 건가?"

"그럼 사귀는 거지."

그는 당연한 얘기를 묻는다는 듯 웃으며 말했다. 나는 좀 더 진지하게 다시 물었다.

"사귀자고 한 날부터 사귀는 거라고 하던데?"

"그래? 그럼 우리 오늘부터 사귀자."

"좋아. 그럼 오늘부터 1일이네."

우리는 서로를 바라보며 웃었다. 그렇게 나에게도 남

자 친구가 생기고 행복한 하루하루를 보냈다.

그러던 어느 날이었다. 그날도 남자 친구를 만나러 그의 집에 찾아갔는데 방에 들어가자마자 찬 기운이 느껴졌다. 웬일인지 그는 내 얼굴도 쳐다보지 않았다. 벽을 응시하며 이렇게 한마디를 했다.

"우리 이제 그만 만나자."

갑작스러운 남자 친구의 이별 통보에 충격을 받았다. 주위에 있는 모든 것이 객관적으로 보이기 시작했다.

"싫어. 그런 말 하지 마."

내 대답을 듣고 그가 나를 쳐다보았다.

"나 너무 힘들어. 너에게 아무것도 해줄 수가 없어."

똑바로 내 눈을 쳐다보는 그의 눈이 붉게 충혈되어 있었다. 정말 힘들어 보였는데 그는 끝내 나에게 눈물을 보였다. 나는 너무 놀라서 경황이 없었다. 난생처음으로 남자의 눈물을 보았기 때문이다. 남자는 태어나서 세 번만 운다고 생각했다. 그런데 갑자기 그가 내 앞에서 눈물을 흘리니 내 가슴이 너무 아파와 숨이 쉬어지지 않았다. 그때 나는 남자가 우는 것은 정말 슬픈 일이라는 것을 깨달았다. 남자는 세 번만 울어야 하는 이유도 알게 되었다. 그렇게 그날 우리는 어이없는 이별을 맞이하고 헤어졌다.

'도대체 남자 친구를 힘들게 했던 게 무엇이었을까.'

며칠 동안 나는 그 생각만 하며 지냈다. 그러다가 문득 머릿속에 떠오르는 것이 있었다. 나는 항상 남자 친구를 만나면 이렇게 말했다.

"영란이는 생일선물로 꽃을 받았대. 미희는 이번 기

넘일에 커플 반지를 했고, 지혜는 여행을 간대."

나는 남자 친구에게 그런 말을 하는 것만으로도 친구들에 대한 부러운 마음이 해소가 되었다. 하지만 남자 친구는 내가 하는 그 말을 듣고 나에게 그런 선물을 하지 못하는 것이 마음속으로 무척 힘들었던 것이다.

'그냥 이렇게 쉽게 끝낼 수는 없어.'

그를 붙잡고 싶었던 나는 다시 미용실에 가서 머리를 잘랐다. 그리고 연락이 되지 않는 그를 만나러 갔다. 무작정 찾아간 그의 회사 주변에서 혼자 서성이다가 건물 앞에 놓인 벤치에 앉았다. 얇은 옷을 입고 벤치에 앉아 있으려니 날씨가 제법 쌀쌀했다. 여전히 그와는 연락이 닿지 않았지만 그런 건 나에게 아무 상관이 없었다. 어찌 됐든 그가 퇴근하고 나올 때까지 기다리기로 마음을 먹었다. 벤치에 앉아 좋아하는 가수의 노래를 들으면서 말이다.

꿋꿋하게 음악을 들으며 앉아 있는데 저 멀리서 한 무리의 사람들이 걸어오는 것이 보였다. 그와 함께 회사 사람들이 저녁을 먹고 다시 회사로 들어가는 모양이었다. 멀리서 그가 밝게 웃어 보이며 나를 보고 반가워했다. 그리고 얼른 나에게 달려와 주었다.

"추운데 여기서 기다리고 있었어?"

"응. 연락이 안 돼서 그랬어."

"안에 들어가서 있지."

나는 대답은 하지 않고 살며시 미소를 지었다. 그날 이후로 우리는 다시 만났다. 그리고 나는 굳은 결심을 했다. 이 남자와 결혼해야겠다고 마음먹었다.

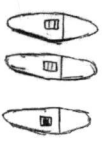

임신

"나는 네가 부러워."

오늘도 남자 친구가 그런다. 나는 말 없이 그를 쳐다보았다. 그는 침착하게 나를 달래듯이 이렇게 말했다.

"부모님이 이혼하셨지만 살아계시잖아. 그게 부러워."

우리는 결혼식을 올리기 전에 1년간 동거를 했다. 같이 살게 된 지 얼마 지나지 않아 남자 친구는 우리가 동거하는 집에 회사 사람들을 초대해 집들이를 했다.

"7시쯤 도착할 거래."

그는 전화를 끊고 주문한 여러 가지 음식을 상에 차리면서 우리가 집들이하게 된 것에 무척 흡족해하였다. 나는 그렇지 않은데 그는 우리가 동거한다는 사실을 자랑스러워했다.

그러던 어느 날 새벽녘에 학부모님이 내게 전화했다. 나는 깊이 잠이 들었고 남자 친구가 내 전화를 받았다.

"여보세요? 일어나. 학부모님이 전화했어."

깜짝 놀란 나는 얼른 일어나 전화를 받았다. 전화를 끊고 나서 내가 남자와 동거하고 있다는 사실을 다른 사람이 알게 된 것 같아 여러 가지 일들이 머릿속에 떠올랐다. 하지만 아무렇지 않은 듯 출근을 하며 학교에서 아이들을 가르쳤다. 동거한 지 한 달이 지났을 무렵, 임신 사실을 알았다. 학교에 부임한 지도 얼마 되지 않았기 때문에 선생님인 내가 동거를 하고 거기에 임신부터 했다는 사실이 세상에 알려지는 게 무척 두려웠다. 나는 엄마에게 전화를 걸었다.

"엄마, 나 임신했어."

아무 말이 없는 수화기 너머로 엄마의 걱정 어린 모습이 떠올랐다. 엄마에게 비록 축하한다는 말은 못 듣더라도 나를 위한 응원을 받고 용기를 얻고 싶었다. 하지만 엄마에게서 그런 말을 들을 수는 없었다.

"아직 결혼 전인데 임신해서 어떻게 한다니."

엄마와 통화를 하고 나자 이제 정말 어떻게 해야 할지를 몰랐다.

"오빠, 어떻게 해?"

그는 내가 원하는 대로 하는 것이 중요하다고 했다.

'낙태해야 할까. 아니면 아이를 낳아야 할까.'

과연 내가 원하는 대로 하는 것이 옳은 일인지 의문이 들었다. 여러 가지 생각들 때문에 쉽게 결정을 내릴 수가 없었다. 결혼하지 않은 내가 임신을 먼저 했다는 사실이 여전히 마음속에 남아 부끄러웠다. 내 소식을 들어 가족들이 모든 것을 알고 있었지만, 누구도 명확한 답을 해주지는 못했다. 결국 나는 수술을 하겠다고 선언했다.

"수술할래."

"그래. 내가 병원을 알아볼게."

남자 친구는 그날 바로 임신 중절 수술을 잘하는 병원을 검색해 냈다. 그곳은 우리 집에서 무척 가까웠다.

다음날 그 병원에 가서 여러 가지 검사를 하고 수술실에 들어갔다. 수술실에 들어서자마자 나는 후회가 되었다. 그곳에서 몹시 힘들어 보이는 의사 선생님을 만났기 때문이다. 그녀는 마치 싫증이 난 것처럼 보였다.

"침대에 누우세요."

마지못해 수술대에 올라가 누웠는데 몹시 차가웠다.

'안 할래. 수술하기 싫어요.'

"저기…."

의사 선생님에게 수술을 하지 않겠다고 말하려는 순간 나는 마취가 되어 잠이 들었다. 깨어나 보니 회복실에 누워있었다. 모든 것이 이미 늦었다는 생각이 들었다.

"수술 잘 됐대."

남자 친구가 밝게 말했다. 회복이 된 후 다시 의사 선생님을 만났다. 의사 선생님은 수술 후 부작용과 여러 가지 조심해야 할 사항들을 설명해 주셨다.

'수술하기 전에 이 내용을 먼저 들었더라면 어쩌면 다른 선택을 하지 않았을까.'

의사 선생님의 뒤늦은 상담이 원망스럽기까지 했다.

병원 정문을 열고 걸어 나오면서 파란색 원피스를 입고 불룩한 배를 내밀며 병원에 들어서는 임산부를 보았다. 그 모습이 무척 아름다워 보이고 또 한편으로 부러웠다. 이 일을 겪은 뒤로 아이를 지웠다는 죄책감 때문에 오랫동안 마음이 힘들었다.

1년간의 동거를 끝내고 드디어 결혼식을 올렸다. 결혼식을 하고 얼마 지나지 않아 나는 다시 임신하게 되었다. 아이가 안 생기면 어쩌나 걱정했는데 다행히 임신했다. 열 달 내내 무슨 일이 있어도 꼭 건강한 아이를 낳아서 잘 키울 거라고 다짐했다. 무사히 자연분만하고 건강하게 아이를 낳았다. 그리고 첫아이가 두 돌 무렵 다시 임신했다. 그런데 임신 사실을 안 그날부터 생리처럼 계속 출혈이 있었다. 병원에서는 계류유산을 이야기했다. 나는 혹여 우리 아이가 유산이 될까 봐 며칠 동안 많이 울었다. 그 모습을 보고 힘들어하던 남편이 다른 병원을 알아보았다. 그곳은 집에서 꽤 멀었지만, 사람들의 평이 좋았다.

새로 알아본 병원의 의사 선생님이 다행히 계류유산은 아니라고 했다. 하지만 계속 출혈이 있었기 때문에 아이를 낳을 때까지 직장을 쉬고 집에서 거의 누워서 지냈다. 역아여서 제왕절개 수술을 해야 했지만 건강하게 둘째 아이를 낳았다. 처음 겪었던 그 일로 인해 어떻게든 두 아이를 지킬 수 있었다고 생각한다.

나는 아이를 낳고 기쁜 마음으로 부모님께 전화를 걸었다. 두 분은 모두 내가 아이를 낳을 때마다 같은 말씀을 하셨다.

"네가 부럽구나."

축하한다는 소리를 듣고 싶었는데 두 분은 모두 부럽다고만 말씀하셨다. 부모님 두 분 다 아들을 무척 낳고 싶어 하셨는데 딸만 낳으셨으니 그럴 만도 하다.

'아들만 둘을 낳은 내가 얼마나 부러우실까.'

나 스스로 마치 무슨 큰일을 해낸 것처럼 느껴졌다.

국수

고등학교를 졸업하고 오랫동안 연락을 하지 못하고 지냈는데 정말 오랜만에 정연에게서 전화가 왔다.

"밀애야, 잘 지내니?"

"잘 지내고 있지. 너는 어떠니?"

"나도 잘 지내. 나 다음 달에 결혼해."

드디어 결혼하게 됐다는 갑작스러운 정연이의 말을 들으니 기쁘기도 하고 조금 어지럽기까지 했다.

"이상형을 만났어? 고등학교 때 체육 선생님을 닮은 사람을 만난 거야?"

"아니야. 그 사람은 비를 닮았어."

정연이의 이상형은 언제나 고등학교 때 체육 선생님이었는데 결혼할 사람이 비를 닮았다고 하니 정반대의 사람이어서 조금 의아했다. 대화가 길어지면서 그녀에게 꼭 물어보고 싶었던 것이 마침 생각이 났다. 그래서 나는 이렇게 말했다.

"고등학교 때 내 첫인상이 어땠니?"

"네 첫인상? 당돌하다고 생각했어."

"어떤 면이 그랬어?"

"난생처음 보는 내게 도시락을 같이 먹자고 하던 네가 당돌해 보였어."

통화를 하는 내내 정연이의 웃음 섞인 목소리는 정말 행복해 보였다. 한편으로는 그녀의 남편감을 미리 못 만나보는 것이 서운하기도 했다. 빨리 결혼식 날이 되어 그녀의 남편이 될 사람을 만나보고 싶었다.

결혼식장에는 고등학교 3년 동안 같이 지낸 친구들

이 거의 전부 다 모여 있었다. 고등학교 동창들이 하객의 전부였다고 해도 과언이 아니었다.

"반갑다 친구야."

"이게 얼마 만이니?"

"너희들 정말 몰라보겠다."

친구들 한 명 한 명과 인사를 나누면서 변해버린 그들의 모습 속에서 고등학교 시절의 모습을 찾아내려 애를 썼다. 그런데 신기하게도 그녀들의 목소리가 그대로였다. 다들 나이를 먹고 전혀 다른 모습들을 하고 있었지만 목소리는 변하지 않고 그대로여서 이야기를 나누다 보면 고등학교 때 모습이 얼굴에서 나타났다.

"아니, 저분은 그분이 아니니? 역사를 가르치셨던 선생님!"

"정말이네. 정연이가 제일 존경했던 선생님이시네."

그녀는 우리가 잊고 지냈던 은사님을 주례로 모시고 결혼식을 올렸다. 비록 그녀가 나보다 늦은 나이에 결혼하지만 진정 내가 바라던 모습으로 결혼식을 올려서 그녀의 모습이 그저 대견하기만 했다.

결혼식이 끝나고 우리는 모두 지하 1층에 마련된 식당으로 모였다. 식당 안에 들어서자 테이블 위에 맛있는 음식들이 가득 차려져 있었다. 자리를 잡고 앉아서 우리는 국수를 한 그릇씩 먹었다. 굵어진 면발이 국물을 다 흡수해 버려서 대접 안에는 국물이 거의 없었지만 그 어느 때보다도 국수를 맛있게 먹었다.

"넌 어디서 살고 있니?"

"서울에서 살아."

"결혼은 했니?"

"아직."

"남자 친구는 있어?"

오랜만에 만난 내 옆자리에 앉은 너무 예쁜 친구를 보니 소개를 해주고 싶은 사람이 생각이 나서 계속 질문을 해댔다. 아직 결혼을 안 한 친구들이 여럿 있었지만, 다른 친구들보다도 이 친구가 우리 도련님과 아주 잘 어울린다는 생각이 들었다.

"남자 친구들은 많아."

그녀는 웃었지만, 나는 그 말을 듣고 못내 아쉬웠다.

"정연이 정말 예뻐졌지?"

"너무 예뻐졌어. 그리고 남편은 정말 비를 닮았네."

우리는 그녀의 결혼식 덕분에 다시 만났고 오래전 그날을 이야기하며 다시 오지 않을 즐거운 시간을 보냈다.

만화책과 편지

오랜만에 미나에게서 연락이 왔다.

"나 이혼했어."

"갑자기? 왜 이혼했어?"

"그냥 그렇게 됐어."

나는 미나의 남편도 잘 알고 있었기 때문에 이 소식은 나에게 큰 충격이었다. 미나와 통화를 끝내고 기존의 내 가치관이 흔들리는 느낌을 받았다. 나는 그 일이 있고 난 뒤로 평소와 달리 이상한 행동들을 하기 시작했다.

평소에 나는 수줍고 말이 적은 편이었는데 이상하게도 그 일이 있고부터는 당혹스러울 만큼 주위 사람들을 붙잡고 하지 않아도 될 말을 하고 다니기 시작했다.

"나는 남편이 신이라고 믿어요. 내 인생의 목표는 이혼하지 않는 거예요. 도덕책에서는 거짓말을 하지 말라고 하잖아요. 그런데 여기 지도서에서는 하얀 거짓말을 해도 된대요."

나는 며칠 동안 잠을 자지도 못했다. 자려고 하면 잠은 오지 않고 생각이 점점 더 많아졌다. 누워서 우는 날도 많았다. 나는 나를 감당하기가 점점 힘이 들었다. 그러던 어느 날 나와 제일 친했던 선생님이 우리 반에 찾아왔다.

"다른 선생님들이 그러는데 네가 조울증인 것 같대."

"정말요?"

나는 조울증이라는 말을 몰랐지만, 그 말을 듣고 화가 났다. 그리고 점점 나 스스로가 조울증에 빠지고 있다는 생각이 들었다.

"제가 여기서 떨어져서 문제를 일으킬 수 있다고요?"

"아니 도대체 무슨 말을 하는 건지 모르겠네."

나는 2층 교무실에서 교감 선생님께 화를 내고 있었다. 그날은 결재를 맡는 날이었다. 나는 밤새 서류를 만들어서 해 갔는데 모든 일정이 바뀌어 다 다시 작성해야 했다. 평소 같았으면 다시 하라고 해도 기분이 나쁘기까지 하지는 않았을 텐데 그날은 몹시도 화가 났다.

교실로 돌아와 다시 서류를 만들고 있는 내게 전화가 왔다. 교장선생님께서 직접 나에게 연락하셨다. 급히 교장실에 들어갔는데 남편이 의자에 앉아서 차를 마시고 있었다. 나는 교장실에 앉아서 교장선생님과 남편이 주고받는 이야기를 들었다. 그때 내 전화벨이 울렸다. 친구 선생님이었다. 나는 조용히 전화를 받았다.

"여보세요?"

"너 때문에 짜증 나 죽겠어."

나는 전화를 끊고 눈물이 나서 아무 말 없이 울었다. 내 친구였던 그녀가 학년을 대표해서 각반 서류를 모아 결재를 맡아야 했는데 나 때문에 결재가 늦어지고 있었던 모양이다.

"네, 그러면 잘 부탁드릴게요. 감사합니다."

우리는 인사를 하고 교장실을 나왔다. 그런데 그 친구가 교장실 앞에서 결재할 서류를 들고 있었다. 그녀는 나를 보고 흠칫 놀라는 표정이었다. 나는 얼른 교무실로 들어가서 내 책상 속에 있던 서류를 꺼내어 그녀에게 가져다주었다.

남편과 함께 집으로 돌아온 나는 안방으로 들어가 침

대에 누웠다. 자려고 누웠지만 잠이 오지는 않았다.

"엄마 집에 가고 싶어."

"그래 가자."

갑자기 남편에게 엄마 집에 가고 싶다고 말한 이유는 내가 어렸을 적에 있었던 일들이 떠올랐기 때문이다. 엄마가 집을 떠나던 날, 내가 지금처럼 소리를 지르고 싶었을 때 엄마가 내 등을 다독여 주었던 그날이 생각났다. 그날이 생각이 나서 엄마를 찾아간 것인데 예전 같지 않은 내 모습에 엄마는 많이 당황해하시며 이렇게 말씀하셨다.

"무당을 불러야겠네."

'갑자기 무당을 왜 불러요?'

이제 엄마도 나를 감당할 수가 없었다. 그러는 사이 나도 지쳐갔고 가족들도 지쳐갔다. 그러던 중에 친정 식구들이 소식을 듣고 우리 집에 왔다. 그들을 보고 나는 내가 어디를 가야 하는지 알았다. 방에 들어가서 침착하게 잠깐 생각을 했다.

'나는 말을 잘하지 못하니까 나 자신을 설명할 수 있는 것들이 필요해.'

그래서 내가 좋아하는 만화책 한 권과 남편이 나에게 썼던 편지 한 통을 챙겼다.

우리는 먼저 동네에 있는 작은 병원에 갔다. 대기실에서 조금 기다리고 있는데 진료실에서 내 이름을 불렀다. 나는 남편과 함께 진료실 안으로 들어갔다. 진료실에 들어가서 남편이 의자에 먼저 앉았다. 그런데 웬일인지 나는 의자에 앉지를 않고 서 있었다. 그리고 의사 선생님에게 이렇게 말씀을 드렸다.

"이 책은 제가 감명 깊게 읽은 만화책이에요."

그러고는 책상 위에 그 책을 올려놓았다.

"그리고 이 편지는 남편이 제게 보냈던 편지예요."

책상 위에 그 편지도 올려놓았다.

"나가 있어도 좋습니다."

의사 선생님이 웃으며 나에게 말씀하셨다. 나는 그 말을 듣고 마음이 놓였다.

'그래. 치료 받아야 할 사람은 내가 아니고 남편이지.'

진료실 밖으로 나온 나는 소파에 앉아서 잡지를 읽고 있는 친정 식구들을 보았다. 그 모습을 보니 진료실에 혼자 남아 있는 남편이 걱정되기 시작했다. 그래서 무릎을 꿇고 앉아서 기도를 드렸다. 기도하고 있는데 남편이 진료실 문을 열고 나왔다. 그의 왼손에는 종이쪽지가 들려 있었다. 나는 얼른 자리에서 일어나 진료실에서 나온 남편에게로 갔다. 그의 얼굴이 무척 슬퍼 보였다. 붉게 충혈된 눈이 운 것처럼 보였다.

우리는 그 작은 병원을 나와 다시 차를 탔다. 나는 몹시 졸리고 무척 배가 고팠다. 뒷좌석에 앉아서 남편의 무릎 위에 머리를 대고 누웠다.

'오늘 저녁은 무엇을 먹으면 좋을까. 너무 졸리다. 이제 잘 수 있을 것 같아.'

그러는 사이 차가 멈추었다.

'벌써 집에 도착한 건가.'

고개를 들고 창밖을 둘러보았다. 눈앞에 아까보다 더

커다란 병원이 있었다. 나는 그 큰 하얀색 병원 건물을 보자마자 덜컥 겁이 났다. 그래서 차 문을 열고 나가 무작정 달렸다. 달리다 보니 돌담 벽이 내 앞을 가로막았다. 내 앞을 가로막고 서있는 벽을 타고 올라가려다가 그만 사람들에게 붙잡히고 말았다. 병원에 들어가서 나는 내가 들어왔던 세상의 모든 욕을 다했다. 더는 할 욕이 없어 결국 나는 마지막 말을 했다.

"아이 러브 아메리카."

그런데 그다음이 생각이 안 난다.

오줌줄

깨어나 보니 모든 것이 하얗고 환했다. 움직여 일어나려고 하는데 내 팔과 다리가 침대 위에 묶여서 일어날 수가 없었다. 갑자기 나는 오줌이 너무 마려웠다. 겨우 정신을 차리고서 큰 소리로 외쳤다.

"오줌 마려워요."

내 목소리가 밖에서 들려야 하는데 걱정하며 좀 더 크게 한 번 더 크게 외쳤다.

"오줌 마려워요."

"그냥 거기다가 눠요."

밖에서 누군가가 상냥하게 대답했다.

'아니 아무리 내가 묶여 있다고 해도 그렇지 내가 선생님인데 어떻게 이곳에 오줌을 눠.'

나는 화가 났지만 침착하게 다시 큰 소리로 외쳤다.

"오줌줄을 꽂아 줘요."

내 말이 끝나기 무섭게 철문이 철컥 열렸고 나는 풀려났다.

'둘째를 수술해서 낳길 잘했어.'

둘째를 수술해서 낳았던 나는 수술한 이후에 오줌줄을 꽂고 있던 것이 생각이 났다. 오줌줄이라는 말을 하고 풀려났으니 그때 그 단어를 알고 있었던 것이 참 다행이라고 생각한다.

간호사 선생님과 함께 긴 하얀색 복도를 지나 내가 지내게 될 병실 안을 둘러보았다. 그곳에는 두 개의 침대가 놓여 있었다. 하나의 침대는 비어 있었고 나머지 한 침대에는 어떤 사람이 앉아 있었다. 그 사람은 침대 위에 앉아서 얇은 책을 읽고 있었는데 나는 그 모습을 보고 마음이 놓였다. 그래서 용기를 내어 그 사람에게 다가가 이렇게 말했다.

"어떻게 하면 여기서 나갈 수가 있어요?"

"여기가 처음이구나. 음, 우선 규칙을 잘 지켜야 해. 그리고 밥을 다 먹어야 해. 그러면 한 달 있다가 퇴원할 수 있어."

"고마워요."

나는 정말 궁금했던 것을 물어보았다.

"언니는 직업이 뭐예요?"

"나는 초등학교 선생님이야."

'초등학교 선생님을 괜히 했네. 내가 초등학교 선생님을 해서 이 병에 걸렸구나.'

나이를 물어보진 않았지만, 나는 그녀를 언니라고 불렀다. 나보다 먼저 입원을 했으니 마치 내게 언니처럼 느껴졌다. 그녀는 침대 위에 이불을 덮고 앉아서 아까 보던 책을 다시 읽었다. 나도 내 침대 위에 앉아서 멍하니 이런 저런 생각을 해보려고 하였다. 그런데 갑자기 아주머니 한 분이 서둘러 병실에 들어오셨다. 그분은 커다란 검은 봉지를 양손 가득 들고 계셨다.

"안녕하세요?"

나는 아주머니에게 반갑게 인사를 했다. 하지만 그분은 오시자마자 나를 보는 둥 마는 둥 하시더니 언니를 향해 이렇게 외치셨다.

"어서 속옷을 갈아입으렴."

"네."

언니는 얼른 침대 위에서 내려와 내 앞에서 서둘러 바지를 벗었다. 조금 전 나와 함께 이야기를 나누던 똑똑했던 언니의 모습은 어디 가고 어쩐지 지금은 언니가 바보처럼 보였다. 옷을 벗고 있는 그녀를 보고 있자니 나는 너무 민망해져서 내 시선을 창문과 창문 사이 그 벽쯤에 두었다. 그래도 도저히 내 마음이 편하지가 않아서 그 어머니에게 인사를 하고 병실 밖으로 나왔다.

긴 하얀색 복도를 지나 복도 중앙에 도착했는데 그곳에는 여러 개의 의자가 놓여있었다. 마침 거기에 키가 무척 크고 잘생긴 남자아이가 앉아 있었다.

"안녕?"

당연히 내가 먼저 그에게 인사를 건넸다. 내가 인사를 하며 다가가자, 그는 아래로 향한 고개를 천천히 들고 게슴츠레한 눈으로 나를 쳐다보았다. 그러고는 나에게 밝은 미소로 인사를 했다.

"안녕하세요?"

나를 보는 그의 눈빛은 많이 졸려 보였다.

'네 옆에 앉아도 되니?'

'네, 그럼요. 앉으세요.'

나는 그 애 옆에 조심스럽게 앉았다. 그리고 물었다.

'너는 왜 여기에 왔니?'

"부모님이 이혼을 하려고 해서요."

그는 대수롭지 않게 말했지만 나는 그 말을 듣고 그에게 정말 궁금한 것이 생겼다. 그래서 또 물어보았다.

"그러면 부모님은 이혼을 하셨니?"

"아니요. 안 하셨어요."

그는 밝은 미소를 지어 보였다.

'나도 이 방법을 알았더라면…. 어쩌면 우리 부모님도 이혼하지 않았을 수도 있겠구나.'

잠시 그처럼 좋은 방법을 미리 알았더라면 얼마나 좋았을까 하는 생각이 들었다.

"너는 여기에 처음 입원을 했니?"

"지금이 일곱 번째에요."

'한 번이면 됐지 입원을 일곱 번이나 했다고? 어쩌면 이 아이는 정말 제정신이 아닐 수도 있어.'

이번이 처음 입원이었던 나는 그렇게 생각했다.

"엄마, 아빠가 일곱 번이나 이혼을 하려고 하셨어?"

'설마 그렇게까지 하셨을까.'

의구심을 갖고 물었지만 그의 대답은 명확했다.

"네, 맞아요. 여기서 주는 약을 먹고 잠을 자고 그러면 시간은 금방 가요."

확신에 찬 그의 말을 들으니 이제는 답답해졌다.

"너는? 너도 하는 일이 있잖아."

"저는 Y대학에 다녀요."

그에게서 미처 생각지도 못한 대답을 들었다. 공부를 잘했다고 하는 그에게 물어보고 싶은 게 또 생겼다.

"너는 어떻게 해서 이렇게 키가 컸니? 나는 아들이 둘이 있는데 너처럼 키가 컸으면 좋겠어."

"아! 제가 알려드릴게요. 저는 일본에서 하는 체조를

배웠어요."

그는 나에게 그 체조 이름을 알려주었다. 하지만 처음 듣는 일본어 이름이 잘 외워지지가 않았다.

"다시 한번 말해줄래?"

그는 다시 한번 말해주었다. 내가 여전히 어려워하는 모습을 보이자 그는 들고 있던 내 노트에 자신의 이메일 주소와 그 체조 이름을 적어주었다. 그때였다. 복도 맨 끝에 있던 병실에서 긴 생머리에 얼굴이 하얗고 예쁜 여자아이가 나왔다. 그녀는 우리에게로 성큼성큼 걸어왔다. 그는 그녀를 보더니 나에게 이렇게 말했다.

"제 이상형이에요."

그의 말이 끝나기가 무섭게 그녀는 갑자기 복도 중앙에서 무릎을 꿇더니 이렇게 외쳤다.

"오! 주여!"

무릎을 꿇고 땅에 엎드려 어떤 기도를 하는 것처럼 보였다. 그러자 그는 갑자기 무척 졸려 하며 나에게 인사를 하고 자기 병실로 들어가 버렸다. 나는 조금 더 그와 이야기를 나누고 싶었지만 너무 졸려 보였기 때문에 그가 병실로 자러 간다고 했을 때 말리지 못했다. 갑자기 어디선가 그녀의 이름을 부르는 차가운 목소리가 들려왔다.

"어서 일어나요! 거기서 그러면 안 돼요."

그러자 그녀는 자리에서 일어났다. 그리고 나를 한번 쳐다보더니 내게 다가왔다. 나는 조금 무서운 느낌이 들었다. 그래서 그녀에게 먼저 말을 건넸다.

"안녕."

"안녕하세요?"

그녀는 공손하게 인사를 했다. 나는 그녀에게 무슨 말을 하면 좋을까 생각해 보았다. 그리고 내가 가장 듣기 좋아하는 말을 했다.

"정말 예쁘게 생겼구나."

"감사합니다."

"노란색 옷이 잘 어울리네."

나는 그렇게 말한 것을 후회했다. 왜냐하면 그녀가 일주일 넘게 그 노란색 옷을 입고 있었기 때문이다. 어쨌든 그녀는 조금 서성이다가 병실로 들어갔다. 그리고 딸기 한 팩을 들고 다시 나왔다.

"이것 좀 드세요."

"고마워."

하지만 딸기를 자세히 보니 검은색과 하얀색 곰팡이가 피어있고 많이 상해 보였다.

"딸기가 많이 상했구나."

"그래요?"

"응."

그녀는 내 말을 듣고 딸기를 살펴보더니 이내 실망을 하는 눈치였다.

"냉장고에 넣어 두었어야 하는데. 우리 아빠가 사 오신 딸기예요."

"아깝지만 버려야겠네."

"저는 유학을 갈 거예요. 아빠가 보내주신대요."

그녀는 딸기 팩을 휴지통에 넣으며 말했다.

"정말? 좋겠네. 얼른 나아서 유학을 가면 좋겠구나."

우리가 대화를 나누고 있는 동안 점심 식사가 병동에 도착했다. 우리는 각자 자신의 이름을 듣고 식판을 가져와 원하는 곳에 가서 밥을 먹었다.

오후에 하는 프로그램이 있어서 점심을 먹고 나도 참석했다. 어제와 달리 오늘은 나를 포함해서 네 명이 모였다. 나는 의사 선생님과 함께 이야기를 나누는 그 집단상담 프로그램이 참 좋았다. 함께 모여 자신의 이야기를 나누는 게 재미있었기 때문이다. 선생님이 진행하시고 우리는 앉아서 발표했다. 그런데 한 분이 이런 얘기를 하셨다.

"병원에 입원하고 가족들과의 관계가 찝찝해졌어요."

나는 그 말을 듣고 이렇게 물었다.

"찝찝해진 게 어떤 거예요?"

우리를 보고 그는 머리를 긁적이며 머뭇거렸다. 그리고 이렇게 말했다.

"처음에 아버지가 저를 안 좋은 병원에 입원시키셨어요. 거기 가서 힘들었는데. 이러면 안 되는데. 아버지가 돌아가신 날에 저는 즐거웠어요."

그분의 말을 듣고 우리는 손으로 입을 막고 크게 웃었다. 그러자 다른 한 분이 손을 들고 발표를 했다.

"그건 또 다른 차원의 이야기예요."

나는 또 그 사람에게 물었다.

"다른 차원은 어떤 거예요?"

"가족들과 드라마를 보다가 한 장면에서 모두가 웃는데 저는 웃지를 않았어요. 어디서 웃어야 하는지 웃어야 하는 부분을 모르겠어요."

나도 손을 들었다.

"저기 저분이 저한테 중생이래요."

나에게 중생이라고 타박을 하던 분이 있었는데 의사 선생님에게 이르고 났더니 내 마음이 좋아졌다. 그분은 창밖을 보며 잠시 딴생각을 하는 듯 보였다. 내 말이 끝나자마자 의사 선생님은 그분을 향해 이렇게 물었다.

"열반에 드셨나요?"

"그런 건 아니지만."

그분은 머뭇거리며 얼버무렸다.

프로그램도 다 끝나고 병실에 들어가려는데 나를 중생이라고 핀잔을 줬던 분이 복도를 지나갔다. 거칠어진 발뒤꿈치에서 붉게 피가 나는 것처럼 보였다. 나는 깜짝 놀라서 이렇게 말했다.

"어머, 발뒤꿈치에서 피가 나요."

"원래 그래요."

그러더니 얼른 자신의 병실로 들어가 버렸다. 그리고 저녁때쯤 돼서 그분이 간호사 선생님에게 로션을 빌려 가는 것을 보았다. 그 모습을 보고 나니 그분이 자기 몸을 돌보게 된 것 같아 안심되었다.

'언제쯤 퇴원을 하게 될까.'

길었던 한 달의 시간이 지나고 퇴원 날짜가 정해졌다. 멀게만 느껴지던 퇴원을 드디어 내일 할 수 있게 된 것이다. 나는 신이 나서 같이 지낸 환자들에게 자랑했다. 환자분들이 축하한다며 나에게 편지도 써주고 연락처도 주었다.

퇴원 당일 아침에 의사 선생님과 상담했다. 나는 한 달 내내 머릿속에서 떠나지 않았던 생각을 말씀드렸다.

"저는 제가 왜 이병에 걸렸는지 모르겠어요."

"그걸 이제야 아셨어요?"

나는 퇴원을 하고 다시 일상생활을 하며 지냈다. 무엇보다 학교로 출근도 할 수가 있었다. 진료를 받으며 약을 먹고 있었지만 내 생각과 행동이 변한 것은 아니었다. 정말 모든 것이 다 좋았다. 이상할 만큼 세상이 아름답고 모든 음식이 다 맛이 있고 매일 매일이 행복했다.

콘서트

콘서트를 처음 가본 날, 그날을 떠올리면 나는 아직도 마음이 설렌다. 콘서트를 가기 위해 무작정 표를 두 장 예매했다. 남편은 회사 일로 바빴기 때문에 표를 예매하고 그다음에 누구와 갈지 같이 가고 싶은 사람을 떠올려 보았다. 딱 한 명의 친구가 생각났다. 그녀는 나름대로 공연을 즐겨보는 친구였는데 이번 공연도 흔쾌히 그녀가 보러 가 줄 거라는 확신이 들었다. 나는 티켓을 예매하고 그녀에게 전화를 걸었다.

"잘 지내니? 부탁이 있어 연락했어."

콘서트를 같이 볼 수 있느냐고, 자리가 거의 맨 뒤 좌석이고 그날은 평일이어서 퇴근하고 가야 하는데 정말로 갈 수 있는지를 물었다. 전화기 너머 그녀는 조용했다.

'제발 좋다고 말해줘.'

"알겠어."

같이 갈 친구도 생기고 신이 난 나는 예매를 한 날부터 공연하는 당일까지 그저 모든 것이 즐겁기만 했다.

마침내 콘서트 당일이 되고 우리는 퇴근을 한 후 서로 다른 노선의 지하철을 타고 콘서트장에서 만났다. 오랜만에 만난 친구가 무척 반가웠다.

"오느라 힘들었지? 고마워."

"잘 지냈어?"

"응."

나는 공연장으로 걸어가는 내내 무척 떨렸다. 콘서트 티켓을 들고 관람석에 가서 우리의 좌석을 찾아 앉았다. 거의 맨 뒤 좌석이었는데 중앙 부분이어서 친구에게 조금 덜 미안한 마음이 들었다.

'어디서 이렇게 많은 사람이 왔을까?'

나는 주변의 공기와 자리를 꽉 메운 수많은 관객에게 이미 압도되어 버렸다. 반짝이는 사람들의 눈빛과 소란스러운 조명들, 하얗게 빛나는 그곳의 먼지들로 인해 두근거리는 내 심장을 다독였다.

드디어 공연이 시작되고 내가 좋아하는 노래를 가수들이 한 사람씩 나와서 불렀다. 나는 두 손을 모으고 앉아서 가수들의 모습과 노래를 마음속에 담았다. 공연이 중후반으로 넘어가는 사이 나는 그만 내 옆에 앉아서 졸고 있는 친구를 보았다. 그녀는 어떤 비올리스트의 팬이었는데 항상 혼자서 공연을 보러 다녔다. 그런 그녀가 이렇게 내 옆에서 졸고 있으니, 처음에는 그 모습이 서운하기도 했다. 한편으로는 그녀가 아까부터 많이 피곤해 보였는데 이렇게 끝까지 함께 있어줘서 고마운 마음도 들었다.

아쉽게도 이제 공연이 끝날 시간이 얼마 남지를 않았다. 그래서 남은 한 곡 한 곡을 듣는 일이 나에게는 더없이 소중했다. 공연을 시작한 지 얼마 되지 않은 것 같은데 찰나의 시간 동안에 끝나는 것 같아 아쉬움이 많이 남았다. 그런데 언제 졸았나 싶을 정도로 밝은 표정을 지으며 그녀가 나를 보고 말했다.

"밀애야, 지금이 나갈 시간이야."

"어?"

"이따가는 사람들이 너무 많아서 나가기 힘들거든."

나는 마지못해 친구를 따라 일어섰다. 계단이 있는

곳으로 걸어 나오는데 통로 쪽에 멈춘 내 몸은 더 이상 움직이지 않았다. 그래서 혼잣말을 중얼거렸다.

"나 저 노래 너무 좋아하는데…."

그녀는 노래가 끝날 때까지 통로에 서있는 나를 기다려 주었다.

종이

여느 때처럼 학교에 출근하고 회의 시간이 되어 6학년 연구실에 들어갔다. 그곳에는 우리 학년 선생님들과 6명의 예쁜 여자아이들이 옹기종기 모여 앉아있었다. 부장 선생님은 A4 복사 용지를 꺼내더니 그 아이들에게 한 장씩 나누어 주셨다.

"자, 여기에 너희들이 했던 것들 모두 써."

아이들은 종이를 받아 들고 무언가를 열심히 적었다. 알고 보니 이렇게 6명의 아이가 반성문을 쓰게 된 이유는 이들이 5학년 아이들에게서 돈을 모아서 중학교 아이들에게 건네주었기 때문이었다. 6명의 아이 중에서 우리 반 아이가 포함되어 있었는데 무려 그녀는 그 모임의 대표였다. 반성문을 다 쓰고 나서 아이들은 각자 교실로 돌아갔다. 그 모임의 대표였던 우리 반 아이가 교실 복도를 향해 걸어오더니 교실 문 앞에 서있는 나를 발견하고는 간절히 이렇게 부탁했다.

"엄마한테는 말하지 말아 주세요."

"부모님께 말씀을 드려야 해."

"저는 할머니와 살고 있어요. 엄마는 따로 살아요. 이번 일을 엄마가 알게 되면 저를 시설에 보낸다고 했어요."

"그래, 좋아. 그러면 앞으로는 이런 일이 없어야 해. 그래야 선생님도 네 부탁을 들어줄 수가 있어."

"네, 선생님. 다시는 이런 일을 하지 않을게요."

나는 부장 선생님과 의논했다.

"부장님, 그 아이는 손목에 자해한 적이 많아요."

부장님은 조금 생각하시더니 그 아이의 엄마에게 말

씀을 드리지 않아도 좋다고 하셨다. 나는 한결 마음이 편안해졌다. 나는 아이들을 보면서 이런 생각을 자주 했다.

'여자애들은 그냥 놔둬도 괜찮을 것 같은데 남자애들은 그냥 놔두면 안 될 것 같아.'

나에게는 늘 남자애들을 잘 가르치는 게 중요했다. 내가 가장 좋아하는 아이들은 남자아이들이었는데 문제를 일으키는 대부분은 남자아이들이었기 때문이다.

한번은 이런 일이 있었다. 일주일 동안 우리 반이 점심시간에 교문을 지키는 활동을 맡았다. 그날은 남자아이들이 그 일을 하게 되었는데 또 문제가 생겼다.

"선생님, 제가 정보 좀 줄까요?"

"정보?"

"네. 그러면 저에게 뭐 해주실 거예요?"

"여기 이 파이를 줄게. 맛있어."

"파이는 됐고요."

그는 조금 망설이는 듯 보였다. 사실 나는 크게 그 내용이 궁금하지는 않았다. 솔직히 지금 해야 할 업무에 신경이 더 쓰였다. 하지만 그가 결국 말했다.

"지금 교문 앞에서 우리 반 남자아이들이 실내화를 신고 밖에 나가는 다른 반 애들을 그냥 봐주고 있어요."

그 말을 들었으니 이제 어떤 조치를 해야 했다. 그냥 넘어가서는 안 된다는 생각이 들었다. 학교가 끝나고 대부분의 아이가 집에 갔지만 오늘 점심시간에 교문을 지켰던 아이들은 모두 교실에 남았다. 나는 그 아이들에게 반성과 다짐을 쓰라고 A4 갱지를 한 장씩 나누어 주었다.

"무슨 일이 있었는지 쓰고 앞으로 어떻게 할 것인지 써서 내렴."

아이들은 종이에 자신이 했던 일들을 열심히 적었다. 어떤 아이는 절반을 쓰고 다 썼다고 하고 어떤 아이는 종이를 한 장 더 달라고 했다.

"다 썼으면 내."

나는 아이들이 쓴 반성과 다짐 종이를 들고 한 명씩 이름을 부르며 그 내용을 읽어 내려갔다. 그러면 아이들이 틀린 부분을 지적했다. 그래서 그 부분을 빨간색 펜으로 고쳐 놓았다.

"너희가 간식을 받는 조건으로 다른 반 아이들이 실내화를 신고 교문 밖으로 나가도록 허락했다는 거지?"

한참 동안 아이들이 쓴 반성과 다짐을 소리내어 읽었다. 그런데 한 아이가 고개를 까닥까닥하며 내 이야기를 듣고 있었다. 나는 얼른 멈추고 아이들을 집으로 돌려보냈다. 그리고 그 아이의 어머니께 전화를 드렸다.

"스트레스를 많이 받은 것 같아요. 동생이 영재반에 들어가면서 제가 신경을 못 썼네요."

"네, 알겠습니다. 앞으로 잘 지켜봐 주세요."

며칠이 지났을까. 오늘도 쉬는 시간에 또 일이 생겼다. 복도에서 소란스러운 소리가 들려왔다.

"선생님, 우진이가 소화기를 만져서 터졌어요."

얼른 밖으로 나가보니 소화기에서 뿜어져 나온 연기가 복도에 가득했다. 복도에는 옆 반 아이들과 선생님들까지 나와서 웅성거렸다.

"우진아, 집에 가기 전까지 반성과 다짐 써서 내."

우진이는 쭈뼛거리며 교실로 들어가 자리에 가서 앉았다. 속상해하고 있는 나를 보며 여자애 한 명이 이렇게 말하고 지나갔다.

"불이 나면 불은 잘 끄겠네요."

'그럴 수 있어.'

수업이 시작되고 맨 뒤에 앉아 있던 우진이가 손을 들었다. 그래서 수업의 흐름이 끊겼다.

"선생님, 정혁이가 지금 야한 책을 보고 있어요."

정혁이는 자리에 앉아서 우진이를 쳐다보며 뭐라고 중얼거렸다.

"정혁아, 책 갖고 앞으로 나와."

정혁이는 우리 반에서 1등을 하는 아이고 우진이는 꼴찌를 하는 아이다. 그런데 신기하게도 둘은 꼭 붙어 다녔다. 항상 점심시간이 되면 같은 편이 되어 축구를 했다. 그런데 오늘 사건이 생긴 것이다. 마지못해 자리에서 일어난 정혁이가 책을 갖고 앞으로 나왔다.

"이 책은 압수야. 가서 자리에 앉아."

나는 수업이 끝나고 정혁이 어머께 전화를 드렸다.

"정혁이가 학교에 만화책을 가지고 왔는데 어머님이 사주셨다고 하는데 맞나요?"

"네. 제가 사줬어요."

"다름이 아니라 거기에 좀 야한 장면이 있어서요."

"포장이 되어 있어서 그건 잘 몰랐네요."

"크게 문제가 될 건 없는데 다른 아이들이 야하다고

지적하네요."

"앞으로는 주의를 시킬게요."

퇴근 시간이 다가오는데 정혁이가 교실로 들어왔다.

"선생님, 제 만화책 주세요."

"우진이랑 놀지 마. 우진이랑 친하게 지내지도 말고."

정혁이는 웃으며 만화책을 받아서 집으로 갔다. 다음 날 점심시간이 되자 정혁이는 우진이와 같이 또 축구하러 운동장으로 나갔다.

방학이 끝나고 2학기가 시작되었다. 1교시 수업을 하고 책상을 정리하려는데 교탁 옆으로 영주가 다가왔다.

"선생님, 진서가 선생님 사진에 낙서하고 있어요."

영주의 말을 듣고 진서를 보니 내 사진이 어디서 났는지 거기에 연필로 찍으며 까맣게 색칠하고 있었다.

"무슨 일이니? 진서야, 앞으로 나오렴."

종이 울리고 영어 수업 시간이 시작되어 아이들이 모두 영어실로 갔다. 하지만 진서는 가지 않고 자리에 앉아서 가만히 있었다.

"진서야, 이리 나와."

안 나올 줄 알았는데 천천히 교탁으로 다가왔다.

"무슨 일이 있었니?"

"영주가 제 머리에서 냄새가 난대요."

"정말? 그래서 어떻게 했어?"

"저는 유도와 태권도를 배웠어요. 그런데 저는 싸우기가 싫어요."

"진서는 유도와 태권도를 잘하는구나."

"네."

"영주가 네 머리에서 냄새난다고 해서 화가 났구나."

"네, 죄송해요. 선생님 사진에 낙서해서요."

"괜찮아. 영주가 그런 말을 했을 때 너도 말을 해야 해. 가만히 있지 말고 너도 말해야 해."

"무슨 말을 해야 할지 모르겠어요. 말이 안 나와요."

"그럼 우리 연습을 해보자. 선생님이 영주처럼 말할 테니까 네가 대답을 해봐. '이건 내 머리야.' 이렇게 해봐."

"네."

"네 머리에서 냄새나."

"못하겠어요."

"그래도 해봐. 자, 네 머리에서 냄새나."

"이건 내 머리야."

작은 목소리로 진서가 말했다.

"정말 잘했어. 앞으로도 그런 일이 있으면 꼭 이렇게 말해보렴."

진서는 영어책을 꺼내어 들고 수업을 들으러 영어실로 갔다. 나는 영어 선생님에게 전화를 걸어서 진서와 상담을 했다고 말씀을 드렸다.

황소

주말이 되어 오랜만에 가족들과 함께 노원에 살고 계신 엄마 집에 내려갔다. 엄마가 해주신 밥은 오늘도 참 맛있었다. 너무 맛있게 먹고 있는데 뒤에서 엄마가 내 등짝을 때렸다.

"그만 좀 먹어라."

엄마는 나에게 화를 내고 계셨다. 병원에서 주는 그 많은 밥을 다 먹고 살이 많이 쪘던 나는 퇴원을 한 이후에는 입맛이 더 좋아져서 15kg 정도 살이 더 찐 상태였다.

'약 때문이야.'

모든 것이 약 때문이라는 생각이 들었다. 약 때문이라는 결론을 내리고 그날 이후로 나는 약을 먹지 않았다. 어느덧 약의 존재를 잊었다. 그렇더라도 가족들이 내가 약을 먹지 않는다는 사실을 알게 될까 봐 두려웠다. 가족들이 의사의 상의도 없이 내가 약을 끊은 것을 알게 된다면 또 어떻게 나올지 몰랐기 때문이다. 어쨌든 나는 한동안 직장에 잘 다녔다. 그런데 약을 먹지 않고 지낸 지 한 달이 지났을 무렵 남편은 내가 약을 먹지 않는다는 사실을 알게 되었다. 그러자마자 나에게 이렇게 말했다.

"당신 요즘 이상해졌어."

남편이 하는 말을 듣고 화가 났지만 침착하게 애원하듯 그에게 말했다.

"나는 원래 이상한 사람이야. 이게 원래 내 모습이야."

하지만 그의 눈빛은 내 말을 받아들이지 않았다. 점점 내 마음이 답답해져 왔다.

이대로 집에 있으면 안 되겠다는 생각이 들어 답답한

마음을 안고 집 밖으로 나왔다. 동네 주변을 거닐며 마음을 진정시켜 보려고 했지만 여전히 내 마음은 진정이 되지 않고 좋아지지도 않았다. 그러다가 문득 친구들이 생각이 났다. 대학교 때 친구들에게 하소연이라도 해야겠다고 생각한 나는 그들에게 전화를 걸었다. 세 명의 친한 친구들에게 전화했는데 아무도 내 전화를 받지 않았다. 보통 때 같았으면 친구들이 전화를 받지 않으면 그들에게서 전화가 올 때까지 기다렸을 테지만 나는 점점 더 화가 났다. 전화기를 들고서 그만 못된 생각을 하고야 말았다. 내 친구들에게 이렇게 문자를 남겼다.

/ 모두들 안녕 /

그러고는 전화기를 호주머니에 넣었다. 이쯤 되니 아예 끄는 게 좋겠다는 생각이 들었다. 그 생각에 전화기를 꺼버렸다. 그랬더니 신기하게도 기분이 나아졌다. 내 상태를 친구들에게 잘 전달했다고 생각했기 때문이다.

아까보다 나아진 기분으로 뚜벅뚜벅 걷다 보니 어느덧 전철역 입구가 보였다. 집으로 가기 위해 전철을 타러 역 안으로 들어갔다. 역 안에서 전철을 기다리고 있는데 갑자기 나는 울고 싶어졌다. 울고는 싶은데 눈물이 나지는 않았다. 그래서 생각해 낸 것이 내가 죽었다고 상상을 해보는 것이었다. 실제로 죽고 싶지는 않았고 친구들이 나를 죽었다고 생각할 수도 있는 상황이어서 내가 죽었다고 가정을 해 보았다. 내가 세상에 없다고 생각하니 하염

없이 눈물이 났다. 전철을 타고 가는 도중에도 계속 눈물이 나서 울면서 집으로 돌아왔다. 전철 안에서 사람들이 왜 우냐고 물으면 어쩌나 걱정했는데 다행히 아무도 나에게 왜 우냐고 묻지는 않았다.

집 앞에 도착하고 내 눈물이 그쳤다. 눈물을 닦고 현관문을 열었다. 문을 열자마자 아이들이 달려와 나를 안아주었다.

"미안해."
"사랑해."

나는 가족들과 저녁을 먹고 따뜻한 이불 속에 누웠다. 남편이 내 친구들 한명 한명과 통화를 하는 소리를 들었다.

'입원을 또 해야 하는구나.'

다음 날 아침 일찍 동생이 우리 집으로 왔다. 동생을 보니 마음이 착잡했다. 동생과 인사를 하고 안방으로 들어가 옷장을 열고 내가 가진 가장 값비싼 원피스를 꺼내어 입었다. 거기에 반짝이는 레깅스도 입고 명품 가방을 들었다. 그들은 방을 나온 나를 아무렇지도 않은 듯 보았다. 나는 신발장으로 가 아끼던 명품 신발을 꺼내어 신었다. 내가 앞장서서 집을 나섰다. 병원에 입원하러 가기가 너무 싫었는데 이렇게 차려입고 났더니 밖을 나가는 것이 무척 좋았다.

동생이 운전하고 남편과 나는 뒷좌석에 앉았다. 평소처럼 전철을 타고 가고 싶었지만 그렇게 할 수는 없었다. 차를 타자마자 남편에게 물이 마시고 싶다고 했다.

"가다가 처음 보이는 편의점에서 물을 사 올게."
"나는 삼다수만 마셔."

병원에 가는 도중에 차에서 내린 남편은 편의점에 들러 500밀리 삼다수를 사서는 나에게 건넸다.

"고마워."

말은 그렇게 했지만 남편을 쳐다보지는 않았다. 차가 출발하자마자 갑자기 창문을 내리고 창밖으로 삼다수에 담긴 물을 쏟아 버렸다. 그리고 창문을 올렸다. 하지만 물통을 버리지는 않았다. 병원에 도착해서 그 빈 물통을 들고 차에서 내렸다. 병원 안으로 들어가자마자 동생과 남편이 접수하는 것이 보였다. 그동안 나는 정수기가 있는 곳으로 갔다. 그 빈 삼다수 통에 정수기 물을 가득 채워서 다 마셨다. 그랬더니 눈물이 났다.

두 번째 입원을 한 뒤 의사 선생님께 말씀드렸다.

"살이 쪄서 약을 먹기가 싫어요."

의사 선생님은 나에게 살이 찌지 않는 약을 처방해 주셨다. 퇴원하고 나서 이제는 살이 찌지 않아서 좋았다. 하지만 이상하게도 나는 다시 학교에서 일을 할 용기가 나지 않았다. 더 이상 학교 일을 못 하겠구나 하는 생각마저 들었다. 병가를 낸 상황이어서 아직은 나에게 시간이 조금 남아있었다.

'내가 정말 선생님을 그만두어도 될까. 내 평생직장이었는데. 지금은 그만두고 싶지 않은데.'

혼자서 아무리 생각해 봐도 결정을 내릴 수가 없었다. 그래서 나는 내 친구들에게 모두 선생님인 내 친구들

한명 한명에게 전화를 걸었다.

"이제 선생님을 더는 못할 것 같아. 내가 선생님을 그만두어도 될까?"

세 명의 친구에게 전화를 걸었는데 모두 다른 답을 말해주었다. 평소에 책을 많이 읽는 우리 모임의 리더였던 친구는 나에게 이렇게 말했다.

"밀애야, 일 그만두지 마. 네가 이혼이라도 하게 된다면 그땐 어떻게 하려고 그러니?"

'내가 이혼을 왜 하니. 내 꿈은 이혼하지 않고 사는 것인데.'

나는 그 친구의 말이 이해되지 않았다. 우리 중 가장 먼저 연애를 시작한 친구는 이렇게 말했다.

"네 몸이 많이 안 좋아져서 걱정이구나. 그렇더라도 일을 그만두는 건 신중하게 생각할 필요가 있어."

그리고 영란이는 나에게 이렇게 말해주었다.

"나는 네 의견을 존중해. 네가 지금 하고 싶은 대로 하는 게 중요하다고 생각해."

내 친구 중에서 내가 원하는 답을 말해 준 영란이에게 고마운 마음이 들었다. 결국 나는 복직을 얼마 앞두고 학교 일을 그만두기로 결심했다.

결심한 다음 날 아침 일찍 학교에 도착한 나는 교무실로 갔다. 교무실에서 교감 선생님을 뵙고 인사를 드렸다. 그때 같은 학년이었던 선생님 한 분이 교무실로 들어왔다.

"어머, 밀애 선생님. 몸은 좀 괜찮아요?"

"네, 괜찮아요."

"아직 병가 기간 아닌가?"

"교직을 그만두려고 왔어요."

"어머. 어떻게 그만두게 되었어요?"

"그렇게 됐어요."

나는 살며시 웃어 보였다. 그녀가 교무실을 나가고 난 후 책상에 앉아 의원면직이라는 서류를 작성했다. 교감 선생님에게 다 작성한 서류를 드리고 인사를 하고 교무실을 나왔다. 선생님을 그만두는 것은 생각보다 무척 쉬운 일이었다. 의원면직이라는 서류만 작성하면 되었다. 모든 것이 끝났다고 생각하니 무엇보다 모든 짐을 내려놓는 기분이 들었다. 그 어느 때보다 평온한 마음으로 교문 밖을 나서는데 갑자기 내 전화벨이 울렸다. 아빠였다.

'아빠가 무슨 일이지?'

아빠와 나는 서로 거의 통화를 하지 않고 지냈다. 아빠는 아무것도 모르셨다. 내게 병이 온 것도 내가 두 번이나 입원했던 것도 그리고 내가 학교를 그만둔다는 것도 모르셨다. 내가 아무 말도 하지 않았기 때문이다.

"아빠."

"응, 별일 없지?"

"응. 아빠, 무슨 일 있어?"

"아니 저기 내가 어제 꿈을 꾸었는데 황소가 뿔이 잘려서 피가 철철 났어."

나는 꿈 이야기를 듣고 가슴이 철렁했다. 차마 학교를 그만두었다는 소리를 아빠에게 할 수는 없었다.

"아빠도 잘 지내."

그날 집으로 돌아온 나는 한 손에 핸드폰을 들고 이어폰을 끼고 노래를 들었다. 그러다가 아파트 베란다 문을 열고 방충망 문도 열고 베란다 창틀을 밟고 올라섰다. 한동안 23층 아래를 바라보았다. 아이들이 소리를 내며 놀이터에서 놀고 있는 모습이 보였다. 저 아래에 있는 모든 것이 다 좋아 보였다.

'동경을 한다는 것이 이런 것인가.'

여전히 음악을 들으며 서 있는데 듣고 있던 노래가 끝나고 다음 곡이 흘러나왔다. 노래에 집중하다 보니 정신이 번쩍 났다. 나는 정신을 차리고 베란다에서 내려와 재빨리 방충망 문을 닫고 베란다 문을 닫았다.

'그때 내가 그 노래를 듣고 있지 않았다면 어땠을까.'

그때 나는 그 노래를 붙잡았다.

주차장

우리가 탄 차가 아파트 주차장에 들어섰다. 남편이 주차하고 큰아이가 먼저 차에서 내려 집으로 뛰어갔다. 그런데 뛰어가다가 주차장 바닥에 미끄러지듯 넘어졌다.

'어디 다치지는 않았나.'

나는 걱정이 되어 얼른 차에서 내려 다가갔다.

"괜찮아? 다치지는 않았어?"

"응, 괜찮아."

"조심했어야지. 넌 왜 그렇게 조심성이 없니?"

큰아이는 아빠가 하는 말을 듣고 살며시 웃으며 머리를 만졌다. 애들 아빠가 큰아이에게 하는 말을 들으니 마음이 점점 답답해져 왔다.

집에 들어가서도 여전히 내 마음은 답답했다. 나는 신발도 벗지 않고 현관에 서서 남편에게 이렇게 말했다.

"잠깐 있어. 나는 큰애하고 마트 좀 갔다가 올게."

"그래, 알았어."

남편은 서재로 들어가서 컴퓨터를 켰다. 그때 큰아이가 나에게 물었다.

"엄마, 마트에 가려고?"

"응. 같이 가자."

내 말이 끝나기가 무섭게 작은아이가 말했다.

"엄마, 나도 마트에 갈래."

"어? 오늘은 형하고 다녀올게. 대신 너는 컴퓨터로 게임을 하고 있어."

큰아이가 게임한다고 좋아하는 동생의 모습을 부러운 듯이 쳐다보았다. 그는 갑자기 마트에 왜 가는지 모르겠다는 표정으로 나와 신발을 신고 현관문을 열었다. 엘리베이터를 타고 내려오며 그에게 뭐라고 말하면 좋을까 생각해 보았다. 1층 계단을 한 계단씩 내려가면서 그에게 이렇게 말을 꺼냈다.

"아빠가 그 말을 했을 때 기분이 어땠어?"

"무슨 말?"

그는 나를 한번 쳐다보았다.

"아빠가 주차장에서 너에게 조심성이 없다고 말했을 때 너는 기분이 어땠어?"

"속상했어."

"속상했구나. 엄마도 그 말을 듣고 속상했어."

그는 나를 이렇게 보더니 웃으며 말했다.

"엄마는 걱정이 너무 많아."

그러고는 나보다 먼저 걸어갔다. 한참을 걷다가 갑자기 그가 나에게 물었다.

"엄마, 외할머니와 외할아버지는 왜 이혼하셨어?"

"왜 이혼하셨다고 생각하니?"

"많이 싸워서 이혼한 것 같아."

잠깐 나는 그에게 무슨 말을 해야 좋을까 생각했다.

"어른들은 좀 복잡한 것 같아. 너는 외할머니와 외할아버지가 이혼하셔서 속상하니?"

"아니. 엄마가 속상할 것 같아."

"엄마는 이제 속상하지 않아."

"엄마 잘못이 아니야."

내가 오히려 그에게 위로받았다.

나는 그에게 무슨 말이든 해주고 싶었다. 그래서 다시 조심스럽게 말을 꺼냈다.

"어렸을 때 외할머니가 엄마에게 항상 멍청하다고 말씀하셨어."

"항상은 아니고 가끔이겠지."

'너는 가끔 그런 말을 들었구나.'

"그래, 맞아. 외할머니는 가끔 엄마에게 멍청하다고 말씀하셨어."

그러자 그가 나에게 말했다.

"엄마는 멍청하지 않아. 엄마는 선생님도 했잖아."

그는 생각에 잠긴 나를 보고 웃으며 말했다.

"엄마, 나도 멍청하지 않아. 나는 곱셈을 덧셈으로 계산할 수가 있어."

"그렇구나. 그러면 엄마가 하는 말을 따라 해 볼래?"

"응."

"나는 멍청하지 않아요."

그러자 큰아이가 이렇게 말하며 웃었다.

"나는 멍청하지 않아요. 그 반대말은 나는 멍청해요."

나는 또 말했다.

"나는 눈치가 있어요."

그러자 또 큰아이가 말하며 웃었다.

"나는 눈치가 있어요. 반대말은, 나는 눈치가 없어요."

"그래."

나도 따라 웃었다. 우리는 어느덧 마트에 도착했다. 딱히 살 것이 없었다.

"사고 싶은 것이 있니?"

"응."

"그럼 가서 가지고 와."

큰아이는 과자 코너에 가서 전자레인지용 팝콘을 들고 왔다.

"또 먹고 싶은 거 없어?"

"나는 먹고 싶은 거 없어. 이거는 동생 줄 거야."

우리는 계산하고 밖으로 나왔다. 시원한 밤공기 속을 둘이 말없이 걸어갔다.

성당

병원에 입원하고 퇴원하면서 그러한 감당하기 힘든 일을 겪었던 나는 성당에 가고 싶었다.

　'어떻게 가면 될까.'

　그때 동생이 성당에 다니고 있다는 것이 생각났다. 그래서 오랜만에 그녀에게 전화를 걸었다.

　"성당에 잘 다니고 있니?"

　"응. 언니, 잘 지내고 있어? 무슨 일 있는 거야?"

　"성당에 다니고 싶어 전화했어. 예배를 드리고 싶어."

　"언니, 성당에서는 미사라고 해."

　"그렇구나."

　"미사 시간이 있을 거야. 성당에 가서 알아봐."

　"그냥 가면 돼?"

　"응."

　그녀의 말을 듣고 용기를 낸 나는 버스를 탔다. 여기로 이사오기 전에 살던 곳의 성당을 찾아가려고 버스를 탄 것이다. 그곳에는 내가 동경하던 커다란 성당이 있었다. 그곳은 내가 꼭 한번 들어가 보고 싶었던 성당이었다.

　무작정 찾아간 성당 안에는 마침 여러 명의 사람이 모여 있었다. 그리고 강의실에서 수녀님이 어떤 말씀을 하고 계셨다. 나는 강의실에 들어가 맨 앞자리에 앉았다.

　"끝으로 질문 있으신 분은 손을 들고 말씀 해주세요."

　나는 수녀님의 말씀이 끝나자마자 왼손을 높이 들었다. 수녀님이 나를 쳐다보셨다. 그래서 앉은 채로 수녀님께 이렇게 말씀을 드렸다.

　"가족들이 저를 자꾸 병원에 입원시켜요."

수녀님께서는 내게 다가와 입을 손으로 막으시고 서둘러 강의를 마치셨다. 사람들이 강의실을 나가고 나도 자리에서 일어섰다. 수녀님께서 나에게 다가오셨다.

"가족들이 왜 그럴까."

"모르겠어요. 성당에 다니고 싶어요."

수녀님께서는 나를 지하 교리실로 데리고 가셨다. 거기에는 교리를 듣고 있던 사람들이 여럿 있었다. 그렇게 해서 나는 그들과 함께 예비신자 교리를 듣게 되었다.

버스를 타고 예비신자 교리를 듣기 위해 성당에 다니면서 나는 아이처럼 행복했다. 하지만 퇴원을 하고 약을 많이 먹고 있었던 나는 기도문을 외우는 것이 무척 어려웠다. 아무리 외우려고 해도 그 짧은 기도문조차 기억이 나지 않았다. 결국 신부님과의 면담이 있던 날이었다. 이 면담을 통과해야만 세례를 받을 수가 있었는데 나에게는 어림없는 일처럼 느껴졌다. 신부님께서 우리에게 면담하시는 방법은 크게 어려운 일이 아니었다. 그분께서 예비신자 한명 한명에게 기도문 중에 하나를 외워보라고 말씀하시면 일어서서 그 기도문을 말하고 자리에 앉으면 되었다. 하지만 나는 거의 모든 기도문을 외우지 못했다. 드디어 내 차례가 되고 두근두근 심장이 떨렸다. 신부님께서 내게 어떤 기도문을 외우라고 말씀하셨다. 하지만 나는 가만히 서 있었다. 그때 옆에 계시던 수녀님께서 신부님에게 넌지시 말씀하셨다.

"신부님, 저분은 그때 말씀을 드렸던."

신부님은 나에게 앉아도 좋다고 말씀하셨다. 그렇게

나는 천주교 신자가 되었다. 세례를 받던 날 남편이 꽃을 들고 와서 활짝 웃으며 나를 축복해 주었다. 세례를 받기 전 나는 첫아이를 낙태했다는 사실 때문에 죄책감에 시달렸다. 그 한 가지가 늘 내 마음속에 남아 나를 괴롭혔다. 그런데 신기하게도 세례를 받고 난 후 나는 더는 죄책감에 시달리지 않았다. 세례를 받은 이후로는 내가 살고 있는 동네에 위치한 작은 성당에 다녔다. 그러던 어느 날이었다. 그날도 안방에 앉아 묵주를 들고 묵주 기도 책을 보며 기도하고 있었다.

"엄마, 뭐해?"

"기도하고 있어."

그때 큰아이가 내 기도 책을 가져가더니 말했다.

"너무 야해."

나는 그 말을 듣고 깜짝 놀라 물었다.

"야하다고 생각하니?"

"응. 옷을 다 벗고 있잖아."

"사람들이 예수님의 옷을 벗기고 십자가에 매달았어. 아직도 이 그림이 야하다고 생각하니?"

"여기 피가 나. 아프겠다."

그 일이 있고 난 후 여러 가지 생각이 들었다.

'내가 내 아이들에게 해줄 수 있는 것이 있다면 아이들이 믿고 의지할 수 있는 종교를 주는 거야.'

그래서 나는 아이들이 세례를 받도록 했다. 큰아들이 첫영성체를 하고 둘째 아들도 첫영성체를 했다. 그리고 우리 셋은 토요일마다 어린이 미사를 드리러 성당에 갔다. 나는 성당에 가는 길이 언제나 들뜨고 행복했다. 사랑하는 내 아이들과 함께여서 더 큰 행복을 느꼈다. 그러다가 아이들이 모두 성당에 다니기를 원하지 않는다는 것을 알게 되었다.

"미사를 드리러 가자."

"안 갈래."

나는 혼자서 성당에 나갔다. 그러던 어느 날이었다. 으레 그랬던 것처럼 성당 가기 전에 아이들에게 말했다.

"성당에 갈래?"

"아니 안가."

"가면 좋은데."

나는 옷을 다 차려입고 현관에 서서 거울을 봤다. 큰아들이 나를 보고 이렇게 말했다.

"성당에 돈을 내야 하잖아. 천 원을 내야 해."

"엄마가 천 원을 줄게."

자기 용돈으로 돈을 내고 있어서 그렇다고 생각했다.

"성당에 돈을 내는 것이 싫어."

여러 가지 이야기를 하며 설명을 했지만 큰아들의 마음은 바뀌지 않았다. 한편으로 어쩌면 아이들에게 종교를 강요하고 있다는 생각이 들었다. 그들과 함께하지 못하는 것이 아쉬웠지만 혼자서 성당에 다니는 것도 좋았다.

까미

남편이 직장에 출근하고 아이들이 학교에 가고 나면 나는 혼자서 자전거를 타거나 집주변을 산책했다. 오늘도 모자를 쓰고 나와 집주변을 거닐었다. 혼자 산책을 할 때면 음악을 듣곤 했다.

"안녕하세요?"

산책하다가 큰아들의 친구 엄마를 만났다. 듣고 있던 음악을 멈추고 오른쪽 귀에서 이어폰을 빼냈다.

"안녕하세요? 어머, 강아지 키우세요? 언제부터요?"

나는 강아지를 보고 호들갑스럽게 반가워하며 질문을 해댔다.

"얼마 전에 분양받았어요. 아이들이 하도 졸라서요."

"털이 멋지네요. 견종이 뭐예요?"

"장모 치와와예요."

"안아 봐도 될까요?"

"그럼요."

강아지를 살며시 들어 안아보았다. 강아지가 무척 순하고 잘 따랐다.

"너무 순하네요."

"강아지가 아이들 정서에 좋대요. 한 마리 분양받아서 키워 봐요."

'정말 그렇게 해볼까.'

집으로 돌아오는데 옷을 슬쩍 보니 강아지 털이 여기저기 붙어있었다. 손으로 툭툭 털어냈다.

'강아지를 산다면 털 빠짐이 가장 중요할 것 같은데.'

남편에게 퇴근 후에 강아지를 분양받으러 가자고 문

자를 보냈다. 남편은 별말 없이 좋다고 했다. 그래서 퇴근하고 집에 온 남편과 함께 강아지를 분양하는 가게에 갔다. 무작정 가게에 찾아간 나는 케이지 안에 들어있는 여러 종류의 강아지를 보았다. 케이지 문 위쪽에는 견종과 태어난 날짜, 가격 등이 쓰여 있었다. 여러 강아지 중에서 검은색 요크셔테리어가 마음에 들었다. 나에게 중요한 것은 털 빠짐이었기 때문에 핸드폰으로 요크셔테리어 털 빠짐을 검색해 보았다. 요크셔테리어는 다행히 털이 덜 빠진다고 나와 있었다. 가게 주인도 요크셔테리어가 털 빠짐이 거의 없다고 추천했다. 그렇게 결정하고 케이지 안을 들여다보는데 세 마리의 요크셔테리어가 나를 반겼다.

"저 강아지는 무척 활발한데? 저 강아지로 할까?"

"활발하긴 하네."

케이지 안에서 이상하게 활발한 강아지를 발견했다.

"갇혀있는데 저렇게 활발한 게 좀 이상해 보여."

"그런가?"

엎드려서 시무룩하게 있는 강아지가 있었다.

"저 강아지는 어때?"

"너무 우울해 보여."

"갇혀 있는데 우울한 게 당연하지 않을까?"

"집에 데려가서도 저렇게 있으면 어떻게 하려고."

"괜찮을 거야. 나는 저 강아지가 마음에 들어."

가장 기운이 없어 보이고 처져 있던 요크셔테리어를 분양받고 계약서에 서명했다. 가게 주인은 강아지가 먹었던 남은 사료와 강아지 용품들을 가방에 담아서 우리에게 주었다. 우리는 그것을 받아 들고 가게를 나왔다. 밖은 제법 쌀쌀했다. 남편이 물건들을 차에 싣고 있는 동안 나는 강아지를 안고 있었다. 강아지의 온기가 따뜻하게 나에게 전해졌다. 차 안에서 강아지를 안고 가는 내내 아이처럼 무척 설레었다.

"형아, 강아지야!"

"엄마, 이게 다 뭐예요?"

강아지를 분양받아서 집에 왔더니 아이들이 엄청나게 놀라는 눈치였다.

"오늘부터 강아지를 키우기로 했어. 어때? 귀엽지?"

"엄마, 강아지는 귀여운데 엄마가 잘 키울 수 있어요?"

"그럼 당연하지. 너무 걱정 하지 마."

"검은색 강아지가 너무 귀여워."

"잘 키워 볼게."

큰아이가 걱정했지만 나는 듣는 둥 마는 둥 하며 강아지 울타리를 조립했다. 강아지 밥그릇에 사료를 담고 물그릇에 물을 담아 놓고 강아지 방석 옆에 패드까지 깔아 놓으니 제법 그럴듯한 모양새가 나왔다. 모든 것을 지켜보던 둘째아이가 말했다.

"엄마, 우리 강아지 이름을 까미로 해요."

"까미? 좋은데."

"까미야, 이리 와."

그때 강아지가 패드 옆 바닥에 오줌을 쌌다.

"엄마, 여기 강아지가 오줌을 쌌어요."

강아지는 패드에 오줌을 누지 않고 패드가 없는 사이

사이에 오줌을 쌌다. 며칠 동안 강아지 오줌을 닦아내다가 이건 아니다 싶은 생각이 들었다. 결국 나는 유진 언니에게 전화를 걸었다. 유진 언니는 강아지를 세 마리나 키우며 살고 있었다.

"언니, 저예요. 잘 지내고 있어요?"

"응, 너는?"

"잘 지내요. 언니에게 부탁이 있어서 전화했어요."

"무슨 일 있니?"

"얼마 전에 강아지 한 마리를 분양받았어요. 요크셔테리어예요."

"어머, 너무 귀엽겠네. 나도 요크셔테리어를 키우고 있어."

나는 그 말을 듣고 더욱 반가워 이렇게 말을 했다.

"그래요? 언니, 언니가 우리 강아지를 분양받으면 안 될까요? 제가 더는 못 키울 것 같아요."

나는 언니가 흔쾌히 좋다고 대답할 줄 알았다. 그런데 전화기 너머 언니는 나지막한 목소리로 이렇게 말을 꺼냈다.

"밀애야, 아이들도 허락한 거니?"

"아뇨. 그냥 제 생각이에요."

"그렇게 쉽게 결정하지 않았으면 좋겠어. 강아지도 이제 네 가족이야."

'한 번도 강아지를 가족이라고 생각해 본 적이 없는데. 강아지도 이제 내 가족이구나.'

"다시 한번 잘 생각하고 결정하면 좋겠구나."

"네, 언니. 고마워요."

전화를 끊고 언니의 말을 다시 떠올려 보았다. 강아지도 가족이라는 말은 나에게 신선한 충격을 주었다. 모든 것이 내가 성급하게 결정했기 때문에 벌어진 일이다.

'좀 더 신중했어야 하는데. 갑자기 강아지를 분양받아 와서는 하루아침에 이제는 강아지를 못 키우겠다고 말을 하고. 그런 내가 얼마나 한심하게 보였을까.'

결코 어른스러운 모습이 아니라는 생각이 들었다. 정작 가족들에게 동의도 얻지 않고 모든 것을 혼자다 결정해 버리려고 했던 내 모습을 반성하게 됐다.

하루하루 지내면서 강아지가 배변 훈련도 잘하고 이제는 나에게 가족 이상의 존재가 되어버렸다. 나는 강아지를 키우면서 더 이상 외롭지 않았다. 주말만 되면 아이들을 데리고 친정에 갔었는데 이제는 강아지가 걱정되어서 어디든 가지를 못했다. 강아지에게 메여 있는 기분이 들었지만 주말마다 어디를 꼭 가고 싶은 마음도 더 이상 들지 않았다.

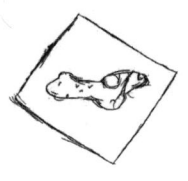

초인종

학교 수업이 끝난 후 둘째 아들이 나에게 전화했다.

"엄마, 목이 너무 아파. 병원에 가야겠어."

"그럼, 지난번에 갔던 소아청소년과에 가자."

"지금 집에 거의 다 왔어."

"집 앞으로 나갈게."

옷을 차려입고 밖으로 나왔더니 둘째 아들이 막 자전거에서 내렸다.

"많이 아프니? 언제부터 아팠어? 어디 어디가 아파?"

"엄마, 하나씩 물어봐."

"미안. 증상을 의사 선생님께 잘 말씀드려야 해."

우리는 각자 자전거를 타고 병원에 갔다. 소아청소년과에는 진료받으러 온 아이들과 부모들이 무척 많았다. 우리도 줄을 서서 기다렸다. 접수를 하는 시간도 길게만 느껴졌다. 4시가 조금 넘어서 병원에 도착했는데 진료 받고 나니 6시였다. 나는 점점 지쳐가고 있었다.

"오늘 저녁은 뭐 먹을까? 먹고 싶은 거 없니?"

"없어. 아빠는 늦어?"

"오늘 늦게 끝나신대."

이대로 집에 가자니 마땅히 먹을 것도 없고 마트에 들르자니 몹시 피곤했다. 집에 가서 밥을 차려야 한다고 생각하니 모든 것이 하기가 싫었다. 둘째 아들의 의견을 들어봐야겠다고 생각했다.

"마트에 들러서 먹을거리 좀 사 갈까?"

"아니. 그냥 가자."

나와 의견이 같은 둘째 아들의 눈치를 보며 슬쩍 말

했다.

"오늘 저녁은 배달시켜 먹을까?"

"좋아."

"먹고 싶은 거 있어?"

"족발을 먹자. 막국수하고."

"족발 좋지. 맛있겠네."

둘째 아들이 족발보다는 막국수가 많이 먹고 싶었던 모양이다. 족발이 나도 싫지는 않았다. 족발과 막국수가 같이 나오는 메뉴로 정하고 집으로 가면서 핸드폰으로 주문했다.

집에 도착하고 보니 큰애가 벌써 와 있었다.

'아차. 큰아들에게 물어봤어야 하는데.'

큰아들도 막국수를 무척 좋아했다.

"저녁으로 족발 시켰어. 막국수도 같이. 어때?"

"잘했네."

다행히 큰아들도 좋아했다. 이제 저녁 준비를 걱정하지 않아도 돼서 좋았다. 주문을 한 지 40분 정도가 지났는데 족발과 막국수가 배달됐다.

"벌써 왔어?"

"응. 집으로 오기 전에 주문했거든. 어서 와."

식탁 위에 포장된 음식들을 늘어놓고 얼른 포장지를 뜯었다. 큰아이가 고기 한 점을 집어서 나에게 주었다. 오랜만에 먹는 족발이 너무 맛있게 느껴졌다.

"고마워. 정말 맛있어. 너희도 어서 먹으렴."

그때 까미가 다가와 간절한 눈빛으로 나를 보며 발톱

으로 내 다리를 긁었다.

"까미한테 이 뼈다귀를 줄까?"

족발 속에 든 커다란 뼈다귀를 가리키며 말했다.

"안 돼, 엄마."

그렇게 한참을 먹고 있는데 족발 속에 들어있는 커다란 뼈다귀가 다시 내 눈에 들어왔다. 까미도 계속해서 발톱으로 내 다리를 긁었다. 까미에게 뼈다귀를 주기 위해서는 나름의 준비가 필요했다. 그리고 까미가 뼈다귀를 다 먹었을 때 그것을 치워야 하는 수고로움도 있었다. 나는 이 모든 것을 감수하고 까미에게 뼈다귀를 주기로 결심했다. 그리고 아이들을 설득하기 위해 다시 말했다.

"뼈다귀에 살도 붙어있고 버리기 아까워. 까미가 천년만년 살 것도 아닌데 먹으라고 주자."

"그럼 이번 한 번만이야."

아이들에게 허락받고 나서야 까미에게 뼈다귀를 줄 준비를 시작했다. 옷장에서 이불 중에 제일 얇은 이불을 꺼내 왔다. 거실에 사각으로 접어 펼쳐놓고 그 위에 뼈다귀를 올려놓았다. 까미는 얼른 이불 위에 앉아서 왼쪽 앞발로 뼈다귀를 잡고 냄새를 맡더니 눈치를 보며 열심히 먹기 시작했다. 까미가 너무 맛있게 먹어서 주길 잘했다는 생각이 들었다. 그러는 사이 우리는 족발을 다 먹었다. 나는 남아있는 잔뼈들을 모아서 버리고 일회용 용기들을 정리했다.

"엄마, 까미가 영역을 더 넓혔어."

까미는 이불에서 나와 거실 바닥을 뼈다귀로 밀고 다

녔다. 얼마나 맛있게 먹었는지 뼈다귀 한쪽이 깨끗하게 닳아있는 것처럼 보였다.

"인제 그만 먹여도 될 것 같아."

내 말이 끝나자마자 큰아이가 현관문을 열어 나갔다. 우리가 까미에게서 뼈다귀를 빼앗는 일은 크게 어렵지가 않았다. 항상 초인종 소리에 까미가 반응했기 때문이다. 오늘도 큰애가 현관문을 열고 초인종을 눌렀다. 예상대로 까미가 초인종 소리를 듣고 달려 나갔다. 나는 얼른 뼈다귀를 집어서 싱크대에 넣었다. 그리고 이불에 붙어있는 고기 조각들을 물티슈로 닦아냈다.

까미를 씻겨야 하는데 까미를 안아서 욕조에 넣는 것이 나에게는 가장 어려운 일이었다. 아이들에게는 그렇지 않은데 내가 안으려고 하면 까미가 으르렁거리며 짖었기 때문이다. 까미가 으르렁거릴 때마다 겁이 났다. 그래서 여느 때처럼 큰아이에게 말했다.

"까미를 욕조에 넣어줄 수 있어?"

대답을 안 하고 잠시 망설이던 큰아이가 말했다.

"엄마, 오늘은 내가 까미 목욕을 시켜줄게."

그러더니 그는 까미를 번쩍 안아서 화장실로 들어갔다. 그러자 작은아이가 물티슈를 가져와 거실 바닥을 닦아냈다.

2억

아빠가 또다시 대장암 수술을 하셨다. 대장암 수술을 한 지 1년이 채 되지 않았는데 암이 다시 재발한 것이다. 나는 연락을 받고 아빠가 수술한 병원으로 찾아갔다.

"아빠 괜찮아요?"

"응, 괜찮아."

아빠가 침대에서 일어나 앉으시며 말씀하셨다.

"내가 경로당에서 회를 먹었어. 그것을 먹지 말았어야 했는데 그걸 먹었어."

"회를요?"

아빠의 말을 들어보니 회를 먹으면서 약주를 드셨다고 하셨다. 그로 인해 다시 암이 재발한 것처럼 보였다.

아빠는 다시 수술받으신 뒤로 점점 기력이 안 좋아지셨다. 결국 집 근처 병원에 입원하셨다.

"밀애야, 나 좀 일으켜줘. 화장실에 가야겠구나."

나는 아빠를 부축해서 화장실에 모시고 갔다.

"일 다 봤어."

"아빠, 내가 할게."

나는 화장지를 접어서 아빠의 몸을 닦아 드렸다.

"너는 대학도 나온 애가 이거 하나 제대로 못 하니?"

아빠가 나에게 역정을 내셨다. 하지만 나는 그게 좋았다. 아빠가 기력을 찾으신 것 같아서 마냥 좋았다.

침대에 다시 누운 아빠가 나에게 통장을 보여주셨다. 통장 잔액을 보니 2억이었다. 아빠가 수술하시기 전에 가지고 있던 땅을 파셨는데 그 돈이 통장에 고스란히 있었다. 아빠는 통장의 잔액을 보며 미소를 지으셨다. 나는 여태껏 살아오면서 아빠가 그렇게 환하게 웃으시는 것을 본 적이 없다. 아빠는 한동안 바라보던 통장을 바지 앞주머니에 넣으셨다.

오후가 되어서야 비로소 병원에 계신 의사 선생님과 면담할 수 있었다. 선생님은 차트를 보며 설명하셨다.

"아버지 몸이 안 좋아 지셔서 아무래도 수혈해야 할 것 같아요."

"전보다 더 안 좋아지셨나요?"

"지금 진행 상태로는 길게 봐야 한 달 정도예요."

나는 눈물이 났다. 그리고 정말로 아빠는 그로부터 꼭 한 달을 사셨다.

"밀애야."

"정연아, 네가 이렇게 왔구나."

아빠가 돌아가시고 장례식장에 처음 도착을 한 내 손님은 고등학교 때 친구 정연이었다. 정연이를 보자마자 울컥한 나는 많이 울었다. 우리는 음식이 차려진 상에 자리를 잡고 앉았다. 자리에 앉자마자 정연이는 나에게 이렇게 말해주었다.

"네가 아프다고 생각 안 해."

그 말을 듣고 나는 마음이 무척 아팠다.

"고마워. 이렇게 와 줘서 고마워."

"당연히 와야지. 두밀애, 너는 뭐든 잘해 낼 거야. 그러니 우리 힘내서 열심히 살자."

정연이의 그 말이 나에게 큰 용기를 주었다.

아빠의 삼일장을 치르는 마지막 날에 친척들이 모여

서 나와 동생들에게 이렇게 말을 했다.

"너희들이 재산을 모두 가졌으니 할머니는 너희들이 모셔야 해. 요양원비도 너희들이 내야하고, 할머니가 돌아가시게 되면 장례비도 너희들이 치러야 하니 그렇게 알고들 있어."

나는 그 말을 듣고 화가 났다.

'요양원비도 얼마 되지 않는데. 기초연금이 나와서 많이 내지 않아도 되는데 그게 얼마나 된다고 우리에게 떠넘기듯이 저렇게 말하시는 건가.'

아빠가 살아생전에 할머니를 모셨으면 됐지 돌아가셔서까지 할머니를 걱정해야 한다는 사실에 무척 화가 났다. 하지만 친척들의 냉정한 모습에 할 말을 잃은 나는 아무 말도 하지 않았다. 아빠의 유언도 있으셨으니 그대로 따르면 되었다.

해

"우리는 딸들이라서 제사를 지내는 게 아니래."
"그래?"
"응. 그래서 아빠 제사를 지낼 필요가 없어."
"동생이 아빠 제사를 지내고 싶어 해, 언니. 다음 주 월요일이 기일인데. 이번 주말에 다 같이 가면 좋겠어."
"그럼 토요일에 모여서 갈까."
"그래, 언니. 우리 토요일에 모여서 가자. 가서 할머니도 뵙고 오자. 아참, 그리고 할머니가 계신 요양원에 예약해야만 할머니를 만날 수가 있대."
"그럼 2시 정도로 예약해야겠네. 내가 2시로 예약을 해놓을게."

나는 둘째 동생과 통화를 하고 요양원에 전화를 걸어 토요일 2시에 할머니 면회를 예약했다. 코로나가 있기 이전에는 언제든 요양원에 방문하면 할머니를 만날 수가 있었다. 그런데 코로나가 있고 난 이후로는 예약해야만 할머니를 만날 수가 있었다. 예약하지 않으면 면회가 불가능해서 할머니를 만날 수가 없었다.

토요일 아침은 날씨가 무척 맑았다. 우리는 아침 일찍 노원 엄마 집에 모여 북적였다. 우리들 셋이 모두 모인 것은 아빠가 돌아가시고 난 후 처음 있는 일이었다. 오랜만에 동생들을 만나 무척 반가웠던 나는 동생들을 보고 이렇게 말했다.

"다들 바쁠 텐데 이리 와주었구나. 모두 모이니 좋네."
"포 하나 챙기고 술만 가져가서 따르고 오면 돼."
엄마가 서둘러 말씀하셨다.

"그러면 되겠네."

내가 대답했다. 그러자 막냇동생이 이렇게 말했다.

"지난번 내가 아빠 꿈을 꾸었는데 배고프다고 했어."

동생의 말을 듣고 우리들은 잠시 아무 말이 없었다. 그때 동생이 침묵을 깨며 말했다.

"그럼 마트에 들러서 과일도 좀 사고 상에 차릴 만한 것을 사서 가는 게 좋겠어."

"내가 다녀올게."

"언니. 같이 가."

"그래. 같이 가자."

나는 둘째 동생과 함께 집을 나섰다. 1층 현관을 나오는데 아까보다 햇살이 더 밝게 눈이 부셨다.

"언니, 차를 가져갈까?"

"그러지 말고 우리 저기 마트에 한번 가보자. 혹시 제사에 필요한 물건들이 있을지도 몰라."

엄마 집 근처에는 마트가 하나 있었다. 작은 마트였지만 늘상 보면 물건을 사는 사람들로 붐비었다. 그러나 규모가 무척 작았기 때문에 별다른 기대를 하지 않고 들어갔다.

"안녕하세요?"

"어머, 그 집 딸들이 왔네. 엄마는 같이 안 왔어?"

"네. 엄마는 집에 계세요."

나를 알아보신 아주머니께서 반갑게 인사를 하셨다. 우리는 주변을 둘러보며 제사에 필요한 물건들을 찾아보았다. 놀랍게도 그 작은 마트에 제사를 지낼 때 쓰이는 모든 것들이 다 있었다. 무엇보다 과일이 무척 신선하다는 것이 마음에 들었다. 마트 안에서 제사 지낼 것들을 모두 고르고 나니 이제는 할머니 생각이 났다.

"제사에 쓰일 것은 다 샀는데 할머니께 드릴 것도 조금 사갈까?"

"그래."

여러 가지 물건들이 눈에 들어왔지만 여느 때처럼 할머니가 좋아하시는 두유와 할머니가 매일 드시는 커피믹스를 샀다.

"지금 다 샀어. 내려와."

막냇동생에게 전화를 걸고 주차장에 가서 기다렸다. 엄마가 우리를 보고 너무 많은 돈을 썼다고 걱정 어린 말씀을 하셨다. 드디어 물건들을 싣고 두 대의 차가 출발을 했다. 엄마 집에서 온곡에 있는 아빠가 계신 납골당까지 가는데 30분 정도가 걸렸다. 소란스럽던 우리는 납골당 앞에 도착하고 나서 모두가 숙연해졌다. 준비한 물건들을 모두 꺼내어 들고 그곳 안으로 들어갔다. 아빠가 계신 곳을 찾아가서 인사를 하고 아빠의 명패를 들고 나왔다. 납골당 입구 쪽에 마련된 제사를 지낼 수 있는 곳으로 명패를 들고 갔다. 동생들이 접시를 꺼내어 준비해 온 것을 담아 정성스럽게 상을 차렸다. 우리는 번갈아 가며 잔에 술을 따르고 두 번 절을 했다. 나는 절을 하면서 아빠에게 사랑한다고 말했다. 우리는 잠시 앉아서 배를 깎아 먹었다.

"벌써 시간이 이렇게 됐네. 어서 서두르자."

우리는 납골당을 급하게 나와야만 했다. 할머니를 만

니기로 한 시간이 거의 다 되었기 때문이었다. 여기서 할머니가 계신 요양원까지는 40분 정도가 걸렸는데 예약한 시간에 도착하려면 지금 출발해야 했다.

요양원에 거의 다 도착해서 주차장에 주차하고 있는데 내 전화벨이 울렸다. 요양보호사님이었다.

"여보세요?"

"안녕하세요? 요양보호사예요. 예약한 시간이 지나서 도착하면 면회가 취소가 될 수도 있어요. 지금 오고 계시죠?"

"네, 지금 주차하고 있어요."

"네, 알겠습니다."

전화를 끊고 나서 할머니에게 드릴 커피믹스와 두유를 들고 요양원 쪽으로 걸어갔다. 현관문 쪽에 여러 명의 사람이 서서 이야기를 나누고 있는 것이 보였다. 가까이 다가가서 보니 한 사람이 마이크를 들고 서서 이야기를 하고 있고 반대편 창문 너머에 계신 할머니 한 분이 의자에 앉아서 마이크에 대고 무슨 말씀을 하고 계셨다. 코로나가 길어지면서 새로운 면회 방식이 생겨난 것이었다. 이렇게라도 할머니를 만날 수가 있어서 다행이라고 생각했다. 나는 할머니를 빨리 만나고 싶었다.

비록 예약 시간보다 늦게 도착을 했지만 사무실에서 나온 원장님께서 우리를 알아보시고 면회를 허락해 주셨다. 우리 차례가 되자 요양보호사님이 할머니를 휠체어에 모시고 왔다. 할머니께서는 우리를 보자마자 마스크를 벗으려고 하셨다. 요양보호사님은 계속해서 할머니의 얼굴로 마스크를 올려드리며 할머니에게 마스크를 써야 한다고 말씀을 드렸다.

"말 좀 하게 그냥 둬. 답답해서 말을 할 수 있어야지."

마이크를 통해서 유리 창문 너머로 들려오는 할머니의 힘찬 목소리가 그저 반갑기만 했다.

"할머니, 우리 왔어요. 아빠 제사를 지내고 오는 길이에요."

갑자기 할머니는 하시던 말씀을 멈추시더니 아래를 바라보셨다. 그리고 머리를 한번 만지시더니 우리를 향해 미소를 지으셨다.

"잘했다."

"할머니, 밥은 맛있게 드셨어요?"

할머니께서는 나를 보시고 아무 말씀이 없으셨다.

"할머니, 밥은 맛있게 드셨어요?"

"뭐라고 하는지 하나도 안 들려."

"할머니 점심 맛있게 드셨어요?"

할머니는 우리가 하는 말 중 듣고 싶은 말만 들으시는 것처럼 보였다. 할머니는 여전히 아무 대답이 없으셨다. 그래서 나는 큰소리로 마이크에 대고 말씀을 드렸다.

"할머니, 내가 누구야?"

"네가 첫째, 쟤는 둘째, 쟤는 셋째."

"내가 셋째야, 할머니."

"네가 둘째."

"아니야, 할머니. 셋째야."

"할머니, 내가 둘째야."

할머니는 다시 미소를 지으셨다.

"네 엄마는 잘 있다니?"

"여기 엄마도 같이 왔어요."

"엄마, 엄마가 왔네."

시끌벅적한 우리들 사이로 엄마를 보신 할머니께서 말씀하셨다. 할머니께서는 우리 엄마를 보시며 손을 흔드셨다. 엄마도 할머니를 보며 손을 흔들었다. 엄마가 마이크에 대고 이렇게 말씀하셨다.

"잘 계셨어요? 건강하게 지내세요."

엄마는 조금 울먹이셨다.

"나는 잘 있어. 해 다 가기 전에 얼른들 가야지."

우리가 온 지 얼마나 됐다고 집에 갈 걱정을 하셨다.

"할머니, 우리 또 올게요. 밥 잘 드시고 건강히 지내고 계세요."

우리는 할머니와 인사를 하고 요양원을 나왔다. 또다시 뭔지 모를 아쉬움이 마음속에 남았다. 집으로 돌아오는데 차창 밖에 커다란 붉은 해가 두둥실 떠서 우리를 따라왔다. 마치 우리를 보고 인사를 하는 것처럼 보였다. 그 모습이 꼭 우리 아빠가 고맙다는 말을 전하며 저 서산 너머로 뉘엿뉘엿 가시는 듯했다.

물컵 그리고 밥그릇

'어? 컵이 없네.'

컵꽂이에 컵이 없는 것을 발견한 나는 장갑을 끼고 설거지를 하기 시작했다. 보통 밥을 먹자마자 설거지하면 좋은데 나는 컵이 없을 때마다 설거지했다. 수세미에 세제를 묻혀 거품을 내어 설거지하고 있는데 큰아들이 나에게 다가와 말했다.

"엄마, 어제 동생이랑 싸웠어."

"동생이랑? 싸웠어?"

"응. 싸웠어."

"무슨 일이 있었어?"

"물컵을 내일까지 쓰려고 했는데 동생이 식탁에 있던 내 물컵을 싱크대에 버렸어."

"물컵을?"

물로 그릇을 헹구며 큰아들과 이야기를 계속했다.

"응. 그런데 동생은 오히려 고마워해야 한대. 그게 말이 돼?"

"말로만 싸웠어?"

"응. 비유를 해줬어야 하는데 비유가 생각이 안 났어. 그런데 침대에 누우니까 생각이 났어."

"무슨 비유인데?"

"말 안 해."

나는 뒤를 돌아서서 큰아들을 바라보았다.

"궁금한데 말해주면 안 돼?"

"말해줄게. 만약에 동생이 밥을 한 그릇 다 먹었어. 그런데 또 먹고 싶어졌어. 그래서 또 먹으려고 하는데 똥이 마려워서 똥을 쌌어. 나는 그것도 모르고 식탁에 다 먹은 밥그릇이 있어서 치웠어. 동생이 다시 와서 밥을 먹으려고 그릇을 찾는데, 내가 동생한테 밥그릇을 치웠으니까 오히려 나에게 고마워해야 한다고 말했다면 그럼 동생은 기분이 어떨까."

큰아들은 그렇게 말하고 자기 방으로 들어가 버렸다.

나는 옷자락에 손을 닦고 작은아들 방으로 들어갔다. 그리고 작은아들에게 이렇게 물어보았다.

"어제 형하고 싸웠다며?"

"난 억울해."

"억울한 일이 있었어?"

"식탁에 컵이 여러 개 있어서 내가 다 가져다가 싱크대에 넣었어. 그런데 형은 왜 화를 내는지 모르겠어."

"형이 화를 냈구나."

"형이 치우지 말라고 하지도 않았으면서 컵을 치웠다고 화를 내는 거야. 자기가 계속 쓸 컵인데 치웠다고 쓸 컵도 없는데 치웠다고 계속 뭐라고 하는 거야."

"그랬구나. 너처럼 어떤 사람은 본인이 먹었으면 먹은 사람이 그것을 치워야 한다고 생각할 수도 있어. 그리고 형처럼 자신의 것을 허락받지도 않고 치웠다고 생각할 수도 있고."

작은아들과 함께 이야기하고 있는데 큰아들이 자기 방에서 컴퓨터게임을 하며 우리 이야기를 듣고 있었다.

'각자 입장이 있다 보니 이런 일이 생겼구나. 오늘 일에 대해 각자의 입장을 큰아들에게도 설명하고 정리를 해

줘야겠어.'

그런데 갑자기 큰아들과 작은아들이 이렇게 대화를 했다.

"동생아, 이제 나한테 물어보고 치워."

"알았어, 형."

둘의 대화에 살짝 내 마음이 떨렸다.

사인

나는 매일 밤 편의점에 가서 맥주 한 캔씩을 사와 소파에 앉아 티브이를 보며 마셨다. 거의 매일 맥주 한 캔을 마시고 잠이 들었다. 평소에 나는 아침마다 너무 졸려서 약속이 없는 날은 아이들에게 아침밥을 해주고 학교를 보낸 뒤 오전 내내 잠을 잤다. 그런데 맥주를 마신 이후로 이상하게도 아침에 일어나면 그 졸린 기운이 사라졌다. 그렇게 맥주를 마신지 한 달이 다 되었을 때의 일이다. 어쩐 일인지 그날은 약을 먹었는데도 밤새 잠이 오지 않았다. 그때 맥주를 마시면서 약을 먹지 않았던 날들이 떠올랐다. 나는 덜컥 겁이 났다. 그리고 의사 선생님께서 하셨던 말씀이 생각났다.

'잠이 오지 않으면 꼭 병원으로 오세요.'

약을 지으러 가려면 아직 일주일이나 남아있었다. 하지만 또다시 병이 재발하는 것 같아 걱정되어 다음 날 아침 일찍 남편과 함께 병원에 갔다. 그날은 담당 의사 선생님께서 진료가 없으셨다. 그래서 다른 의사 선생님께서 진료를 하셨고 약을 다시 지어주셨다. 새로 지은 약을 먹었지만 똑같이 잠이 오지 않았다. 전처럼 또다시 생각이 많아지고 말하다가 울기도 하고 침대에 누워서 음악을 들으면서도 울었다. 여러 가지 감정이 복합적으로 들면서 눈물이 났다. 그렇게 밤을 보내고 다음 날 엄마와 동생이 우리 집에 왔다.

"엄마, 나 입원을 해야 할 것 같아. 약을 다시 지어 와서 먹었는데도 잠이 오지 않아."

"참 큰일이구나."

"괜찮아 엄마. 너무 걱정하지 마."

"언니, 얼른 병원에 가보자."

"그래. 그리고 입원할 수도 있으니 짐을 챙겨가자."

나는 이렇게 말하고 남편에게 병원에 가지고 가야 할 것을 메모지에 적어 달라고 했다. 분홍색 메모지에는 입원하게 되면 내게 필요한 것들이 적혀 있었다.

'로션, 실내화, 샴푸, 속옷, 칫솔, 치약, 수건, 양말'

메모지에 적혀 있는 것들을 하나하나 종이가방에 가지런히 담아놓았다. 그런데 생각지도 못한 일이 벌어졌다. 그날 H 병원에는 입원할 자리가 없었던 것이다. 그래서 근처에 있는 다른 병원에 입원할 수밖에 없었다. 항상 H 병원에 입원했던 나는 모든 것이 비교가 되었다. 첫날 나는 그 병원의 남자병실 한쪽 구석에 있는 작은 방에 입원을 했다. 그리고 다음 날 여자 병실로 자리를 옮겼다. 그곳은 환경이 여러모로 열악했다. 병실 하나에 침대가 무려 10개나 있었다. 그리고 매일 환자들이 그 병실을 청소해야 했다. 입원하고 셋째 날이 되었다. 내가 점심을 먹고 있는데 한 여자아이가 빗자루를 들고 바닥을 쓸었다. 그러자 뿌옇게 먼지가 피어올랐다. 나는 그것을 보고 화가 나서 자리에서 벌떡 일어났다.

"지금 청소하면 어떻게 하니?"

"지금 청소해야 해."

"내가 밥을 먹고 있잖아."

"지금 청소해야 빨리 쉴 수 있거든."

"내가 밥을 다 먹고 청소를 할 테니 이제 그만해."

"좋아."

나는 점심을 먹고 양치질했다. 그리고 약속대로 빗자루를 들고 청소하기 시작했다. 침대 아래에는 먼지가 켜켜이 쌓여 있었다. 나는 구석구석 열심히 청소했다. 그러고 나서 남편에게 전화를 걸었다.

'나 여기서 더 이상 못 있겠어. 빨리 H 병원에 자리가 났는지 알아봐 줘."

"자리가 나면 연락을 준다고 했어. 조금만 참아."

'H 병원은 정말 천국이었구나.'

맨 처음 병원에서 퇴원했을 때 남편에게 말했다.

"우리나라에서 제일 좋은 병원에 입원시켰어야지. H 병원이 뭐야."

"거기가 제일 좋대. 의사 선생님도 두 분이 상담을 해 주고 그래서 거기로 결정을 한 거야."

그때는 깨닫지 못했지만, 다른 병원에 입원하고 나서야 그 말을 믿게 되었다. 나는 그 병원에서 채 3일도 못 견디고 나왔다. 그곳은 너무 무서운 곳이었다. H 병원에 자리가 났다고 남편에게 연락받고 처음으로 엄마의 손을 잡고 병원에 갔다. 남편이 입원 수속을 하는 동안에 엄마와 나는 병원 벤치에 앉아서 기다렸다. 입원을 앞두고 내 마음이 이렇게 좋았던 적이 있었나 싶었다. 남편은 입원 수속을 마치고 나를 보고 말했다.

"정말 괜찮아?"

"응. 괜찮아."

나는 엄마의 손을 잡고 있어서인지 마음이 전혀 불안

하지가 않았다. 엄마는 내가 입원하는 동안 아무 말씀이 없으셨다. 의사 선생님과 상담하고 또 입원하였다. 나는 아무리 생각해도 다시 병이 찾아왔다는 게 이상했다. 입원한 동안에 왜 다시 이 병이 찾아왔을까 내내 생각했다. 그리고 퇴원을 앞둔 나는 결론을 내렸다.

'이번에는 약을 끊지 않았고 꾸준히 먹었는데. 아, 술을 마시고 약을 먹지 않은 날이 며칠 있었어. 모든 게 술 때문이야. 술을 마시고 간이 안 좋아 질 것 같아서 약을 먹지 않았으니까.'

다행히 이번에는 내가 원해서 입원했기 때문에 입원한 지 2주일 만에 퇴원할 수가 있었다. 그리고 전과는 다르게 그 누구도 원망하지 않았다. 그 후로 나는 술을 마시지 않았는데 술을 마시면 또 똑같은 일이 반복될 것 같았기 때문이다. 술을 마시고 약을 먹은 다음 날은 졸리지도 않았고 약기운도 전혀 느껴지지가 않았다. 마치 전날 약을 먹지 않은 것처럼 느껴졌다. 그래서 술은 나에게 이제 독이 되었다. 다시 병이 재발한 원인은 약을 안 먹어서였지만 어쨌든 그 이유를 알게 되어서 정말 다행이었다.

무엇보다도 이번에는 입원하는 것이 나뿐만 아니라 가족들에게도 무척 힘든 일이라는 것을 깨달았다. 입원하면 돈이 많이 들었고 입원하는 동안에 내 아이들을 돌봐 줄 사람도 필요했다. 그리고 퇴원 후에는 나 스스로가 많이 힘이 들었다. 내 몸도 마음도 많이 약해졌기 때문이다. 나는 그동안의 나를 되돌아보면서 남편에게 고마움과 미안한 마음이 들었다.

'이제 와서 내 잘못을 용서해 달라고 그때는 몰랐었다고 말할 수가 없어. 그동안 내가 남편에게 한 잘못이 너무 커서 그 무엇으로도 담아낼 수가 없구나.'

　앞으로 내 가족들과 행복하게 살기 위해서 누구보다 남편에게 잘해야겠다는 생각이 들었다. 병원에 입원을 여러 번 하면서 나는 걱정이 생겼다.

　'만약 세상에 내가 없을 때가 오면 어떻게 하지? 내 아이들에게 모든 것을 말할 수 없는데 어떻게 하지?'

　내가 또다시 갑자기 아이들 곁에 없는 때가 왔을 때 아이들이 나를 기억할 수 있게 하고 싶었다. 그래서 처음 입원하게 된 뒤로 내가 좋아하는 책과 음악 CD들을 책장에 모아놓기 시작했다. 내가 좋아하는 것이 생기고 모아놓은 것을 보면 뿌듯했다. 하지만 이번에 입원하고 퇴원하면서 갑자기 모은 것을 버리고 싶어졌다. 그래서 좋아했던 책이며 가수들의 음악 CD며 모든 것을 버리기로 했다. 나는 버리기 전에 마지막으로 하나하나를 들어 훑어본 후 박스에 넣었다. 그런데 거기에는 버릴 수가 없는 것들이 있었다. 작가들의 사인과 가수들의 사인이 담겨 있는 것들은 차마 버릴 수가 없었다. 사인을 받기 위해 노력한 내 모습이 떠오르고 사인 하나하나에 담긴 나의 추억 하나하나가 보였기 때문이다. 지금에서야 드는 생각이지만 사인을 받아 놓아서 아직 내 책장 안에 남겨진 가수들의 음악 CD와 작가들의 책이 많지는 않지만, 아직 가지고 있다는 것에 감사하다.

5,000

점심을 먹은 후 설거지를 마치고, 방에서 게임하고 있는 둘째 아들에게 이렇게 말했다.

"우리 산책할까?"

"산책?"

둘째 아들이 게임하면서 잠시 망설이는 것처럼 보였다. 그래서 나는 좀 더 설득력 있는 제안을 했다.

"응. 까미를 데리고 산책하면 좋을 것 같아."

"까미?"

"까미가 매일 집에만 있어서 같이 데리고 나가면 좋을 것 같아."

"산책을 얼마나 할 건데?"

"삼십 분? 아니면 한 시간?"

"엄마, 산책 삼십 분만 해."

나는 멀뚱멀뚱 쳐다보고 있는 까미에게 말했다.

"산책? 까미 산책?"

까미가 산책이라는 말에 점프를 뛰며 나에게 달려들었다. 그 모습을 보고 둘째 아들이 웃으며 말했다.

"까미가 산책이라는 말을 알아듣네. 정말 신기하네."

나는 서랍장에서 목줄을 꺼냈다. 까미가 분홍색 목줄을 보더니 더욱 난리가 났다. 나는 강아지에게 외출복을 입히고 겨우겨우 목줄을 채웠다. 나도 둘째 아들도 옷을 갈아입고 산책을 나섰다. 오랜만에 둘째 아들과 함께 산책하게 되어 까미도 나도 신이 났다.

"까미한테서 개 냄새가 나지?"

엘리베이터를 기다리며 까미를 안고 있는 둘째 아들

에게 물었다.

"조금 나."

강아지에게 목욕을 거의 시키지 않았던 나는 오늘도 강아지 냄새가 걱정되었다. 보통 엘리베이터에 다른 사람이 타고 있으면 타지 않았다. 까미의 냄새 때문에 엘리베이터를 다른 사람과 같이 타면 괜히 같이 탄 사람에게 미안했기 때문이다. 그래서 오늘도 엘리베이터를 타기 전에 둘째 아들에게 말했다.

"엘리베이터에 사람이 탔니?"

"아니."

다행히 23층을 내려오는 동안 우리가 내릴 때까지 아무도 엘리베이터를 타지 않았다. 1층 공동현관문을 나서는데 날씨가 무척 따뜻하고 맑았다. 산책하기에 더없이 좋은 날이었다.

"엄마, 이제 어디로 가?"

둘째 아들이 퉁명스럽게 말을 했다. 나는 얼떨결에 이렇게 말했다.

"저쪽 8단지 쪽 어때?"

"조금 멀다."

우리 집은 5단지였는데 삼십 분 만에 산책을 끝내려면 집에서 8단지까지 가는 것은 무리라고 느꼈던 것이다.

"그럼 우리 7단지까지만 갈까?"

"그래."

우리는 언덕을 내려와 도로를 건너기 위해 주변을 살펴보았다.

"여기서는 까미를 안고 가자."

횡단보도 앞에서 둘째 아들이 까미를 안고 걸었다. 그러자 까미가 둘째 아들의 품에서 내리고 싶어서 안달이 났다. 바닥에 내려놓자마자 까미는 달릴 기세를 했다.

"까미가 뛰고 싶어 해."

"아냐."

까미가 우리를 재촉하며 앞으로 나아갔지만 내가 뛰고 싶지 않았다. 오늘은 까미를 산책시키는 것보다 천천히 걸으며 둘째 아들과 이야기를 나누고 싶었다.

"오늘 학교에서는 어땠어?"

내가 먼저 말을 꺼냈다. 그러자 둘째 아들이 뜻밖의 말을 건넸다.

"불운의 날이었어."

학교에 다녀와서도 별말이 없었고 오히려 다른 날보다 더 기분이 좋아 보였기 때문에 나는 어떤 불운이 그에게 일어났는지 궁금했다.

"왜 불운의 날이었어?"

"책상 위에 우유를 엎질렀거든."

"우유를 엎질러서 선생님에게 혼이 났어?"

"아니. 안 혼났어."

"우유를 엎질러서 책이 다 젖은 거야?"

"아니, 다행히 책상 위에 책이 없었어."

"그런데 무슨 불운의 날이야? 오히려 행운의 날이지. 우유를 엎질렀는데 아무 일도 없었잖아."

"그런가. 오늘 물도 엎질렀어."

"너 평소에도 잘 엎지르잖아."
그렇게 말하며 우리는 웃었다.
"엄마는 오늘 아무 일도 일어나지 않았어."
"엄마는 집에만 있잖아."
집에만 있었던 나는 당연히 아무 일도 없었다. 그때 둘째 아들이 말했다.
"요즘 내 꿈에 대해서 고민이야."
"고민이 있어?"
"응. 의사가 연봉이 오천이래."
그가 의사가 되고 싶다는 생각을 하고 있는 줄은 꿈에도 생각지 못했다. 나는 그의 말을 듣고 조금 당황하기 시작했다. 여러 가지 생각이 들었기 때문이다. 무엇보다 의사가 되려면 지금 다니는 학원을 바꾸어야 한다는 생각이 들었다. 의사가 될 수 있게 하려면 공부를 많이 시켜야 한다는 생각도 들었다.
"나는 수술을 못 하겠어."
"수술을 안 하는 의사도 있어."
"맞아. 엄마네 의사 선생님도 수술을 안 하시지?"
"응. 정신과 의사 선생님은 수술을 안 하시지."
둘째 아들은 미소를 지어 보였다. 나는 둘째 아들에게 이 말을 꼭 해주고 싶었다.
"꿈이 꼭 직업이어야 할까. 엄마는 꿈이 이런 것일 수도 있다고 생각해. 내 꿈은 행복한 사람으로 살아가는 거야. 이런 거 말이야."
내 말을 듣고 곰곰이 생각하는 것처럼 보였다.

"엄마, 음식 연구가가 뭐야?"
"음식을 연구하는 사람인가?"
"레고 디자이너도 참 멋있는 사람 같아."

나는 둘째 아들과 대화를 나누며 항상 집에서 게임만 하는 그가 꿈이 있다는 것을 알게 되어 기뻤다. 한편으로는 그의 꿈을 지지하기 위해 내가 할 수 있는 일이 무엇일까 하는 고민도 생겼다. 우리는 삼십 분의 산책을 다 하고 집을 향해 걸어갔다.

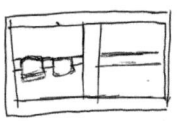

물티슈

점심때쯤 요양원에서 전화가 왔다. 나는 할머니께 무슨 일이 생겼나 해서 요양원에서 전화만 오면 가슴이 철렁했다.

"할머니께서 열이 많이 나서 해열제를 드렸는데도 열이 떨어지지 않네요. 할머니를 병원에 모셔가야 할 것 같아요."

요양원에 계신 간호사 선생님이 다급한 목소리로 전화했다. 그래서 나는 엄마에게 전화를 걸었다. 엄마의 의견을 듣는 것은 매우 중요했다.

"요양원에서 그러는데 할머니께서 열이 많이 난대."

"오늘 쉬는 날이니 내가 할머니 모시러 갈게."

"알았어. 고마워, 엄마."

엄마가 할머니를 모시고 병원에 갔다. 진료를 받고 약을 짓기만 하면 될 줄 알았는데 의사 선생님이 검사를 하시더니 앞으로 이틀을 지켜봐야 한다고 했다. 그래서 할머니께서는 결국 이틀간 그 병원에 입원하셨다. 입원한 첫날 엄마가 걱정스러운 목소리로 내게 전화하셨다.

"밀애야, 할머니가 치매가 심해지신 것 같구나."

"무슨 일이 있었어?"

"갑자기 물티슈를 하나씩 꺼내시더니 침대 난간에 널어놓으시는구나. 정말 걱정이네."

솔직히 나는 우리 할머니가 치매인지 잘 모르겠다. 치매 약을 드시고 계시긴 하지만 할머니와 대화를 나누다 보면 무척 정신이 올바르셨다. 특히 우리 할머니께서는 요양원에서 함께 지내시는 할머니들에게 제각가 어울리는 별명을 지어서 이름 대신 부르고 계셨다. 엄마의 말을 듣고 생각해 보니 할머니는 물티슈를 한 번도 사용해 보신 적이 없으셨다.

"엄마, 할머니는 물티슈를 써 보신 적이 없잖아. 그러니 화장지가 물에 젖었다고 말리려고 하신 것 같아."

내 말을 듣고 엄마는 아무 말씀이 없으셨다.

나는 할머니께서 퇴원하신 다음 날 동생들과 함께 모여 요양원에 갔다. 그날이 우리가 할머니를 마지막으로 뵌 날이다. 나는 할머니께서 병원에 다녀오셨다고 하는데 괜찮으신지 보고 싶었다. 그리고 온곡에 사시는 어르신을 만나 할머니 일을 말씀드리고도 싶었다. 할머니는 오늘도 누가 왔는지를 확인하셨다.

"밀애가 왔네. 둘째, 셋째도 왔네."

"할머니, 이제 안 아파?"

"언제는 아팠다니? 나 하나도 안 아파."

할머니께서 한참을 머뭇거리시다가 나를 보고 이렇게 물으셨다.

"나 언제 죽어?"

비록 요양원에 계시지만 나는 할머니께서 오래오래 우리 곁에 살아 계셨으면 하고 바랐다.

"할머니, 120살까지 살아."

할머니는 고개를 갸우뚱하시더니 자꾸 땅 아래를 보셨다. 요양원에 가면 할머니께 거의 인사만 하고 왔다. 오늘도 몇 마디 하지 못했는데 할머니께서 말씀하셨다.

"해 다 가. 늦기 전에 얼른들 올라가."

"응. 할머니, 우리 또 올게. 그때까지 잘 있어."

할머니는 어서 가라고 손짓하셨다. 처음에 할머니께서는 요양원에 가기를 싫어하셨다. 동네에 계신 여러 할머니께서 요양원에서 돌아가셨기 때문이다.

"거기 가면 다 죽어서 나와."

하지만 아빠가 대장암이 재발하면서 더 이상 할머니를 모시는 게 힘들다고 생각하셨는지 요양원에 모시기로 하셨다. 아빠는 여러 곳의 요양원 중에서 집과 가까우면서 동네에서 잘한다고 소문이 난 곳을 찾아내셨다. 그곳에는 동네 분들이 요양보호사로 계셨다. 할머니를 고모라고 부르는 사람도 있었다. 그래서 아빠는 안심하고 할머니를 요양원에 모셨다.

"어머니, 거기 잠시 가 계셔. 내가 다 나으면 다시 데리러 갈게."

아빠는 수술한 배를 할머니에게 보여드렸다. 그리고 할머니는 마지못해 요양원에 가셨다.

'할머니께서 우리를 키워주셨는데 내가 할머니를 모실 수는 없을까.'

하지만 나는 아무것도 할 수가 없었다. 아빠에게도 아무 말씀도 드리지 못했다. 할머니께서 요양원에 가시고 난 지 얼마 지나지 않아 아빠가 돌아가셨기 때문이다. 우리는 할머니께 아빠가 돌아가셨다는 말씀을 드려야 하나 말아야 하나 걱정을 했다. 하지만 할머니께서는 이미 아빠 소식을 듣고 알고 계셨다. 할머니가 혼잣말로 하신 말씀이 있다.

"내 명은 따로 있어."

할머니가 상심이 크실 것 같아 걱정했는데 다행히 할머니는 담담해 보였다. 할머니를 뵙고 나서 동생들과 함께 온곡에 계신 어르신을 찾아갔다. 아빠가 돌아가시고 나서 내가 요양원에 할머니의 보호자로 등록이 되어있었는데 만약 할머니께서 갑자기 돌아가시기라도 한다면 우리가 그 큰일을 어떻게 감당해야 할지 몰랐기 때문이다.

"안녕하세요?"

"그래, 너희들이 왔구나. 어서 앉아라. 여기 너희 작은엄마도 와있어."

우리가 온다는 소식을 듣고 작은엄마가 벌써 어르신 댁에 와 계셨다. 작은엄마는 우리를 보시자마자 이렇게 말씀하셨다.

"너희들이 원해서 요양원비며 할머니 장례비까지 모두 치르기로 했다고 들었어."

그러자 둘째 동생이 퉁명스럽게 말했다.

"아니에요. 친척분들이 아빠 장례식 날 분명히 말씀하셨어요. 너희들이 재산을 다 받았으니 할머니 요양원비며 장례비까지 다 너희들이 해야 한다고 하셨어요."

"아니, 누가 그러데?"

"친척들 모두 다요."

셋째 동생도 퉁명스럽게 대답했다. 그러자 작은엄마가 나를 향해 다가와 이렇게 말씀하셨다.

"아니야, 나는 그렇게 듣지 않았어. 너희들이 원해서 그렇게 했다고 들었어. 그리고 이게 무슨 경우니? 아무리 그래도 그렇지 여기까지 찾아다니며 이렇게 망신을 줄 수가 있니? 직접 우리에게 얘기해도 되는 것을 이게 다 집안 망신이지 뭐니."

작은엄마는 나를 향해 큰소리로 화를 내며 말씀하셨다. 그래서 나도 작은엄마를 향해 목소리를 높였다.

"목소리 큰 사람이 이기는 거예요? 왜 저한테 화를 내세요."

'만약 그 말을 생각해 내지 못했더라면 잘못한 것도 없는데 동생들 앞에서 틀림없이 바보처럼 울었을 거야.'

그동안의 나라면 작은엄마가 하시는 그 말씀을 듣고 아무 말도 하지 못하고 모두가 보는 앞에서 울었을 것이다. 하지만 이제 나는 다 큰 아들이 둘이나 있는 엄마였다. 더 이상 어린아이가 아니라는 생각이 들었다. 이제 가만히 있지 않아도 되고 하고 싶은 말이 있으면 해도 된다. 그래서 나는 작은엄마의 말을 듣고 큰소리를 냈던 것이다.

나는 항상 가족들과는 싸울 일을 만들지 않는 것이 옳다고 생각했었다. 그래서 가족뿐만 아니라 친척들과도 갈등이 생기면 참고 넘어가는 게 좋다고 느껴 그렇게 했다. 하지만 오늘은 그게 틀렸다는 경험을 했다. 문득 하고 싶은 말을 하지 못해서 조울증이라는 병에도 걸렸다는 생각이 들었다. 모든 것이 말로 해본 경험이 없기 때문이라는 생각도 들었다. 오늘 나는 하고 싶은 말을 입 밖으로 해 버리는 경험을 했다.

'그래. 나는 이제 말을 할 거야. 하고 싶은 말을 하며 살아갈 거야. 내 생각을 이제 말로 해 낼 거야. 나도 할 수

있다는 걸 알았으니까. 말에는 힘이 있으니까.'

내 말이 끝나자마자 작은엄마가 울먹이셨다. 내가 바란 것은 이러한 것이 아니었는데 작은엄마가 우셨다.

"나는 그저 들었던 것을 얘기한 것뿐이야. 이제 다 알았으니 너희가 짊어진 무거운 짐 내려놔. 이제 내가 알아서 다 할 테니까. 그동안 너희들이 수고가 많았어."

"저희가 요양원비는 내고 있지만 이제 할머니께서 나이도 많으시고 언제 어떻게 될지도 모르고 하니 작은엄마께서 보호자로 등록을 해주시면 안 될까요?"

"그래, 알았다. 그렇게 하마."

아까 큰소리를 낸 것이 미안했지만 작은엄마에게 죄송하다는 말이 나오지는 않았다. 작은 목소리로 감사하다고 말했다. 사실 작은엄마의 탓은 아니었다. 들어보니 작은엄마는 모든 것을 잘못 알고 계셨다. 나는 이제 작은엄마가 모든 사실을 알게 되었고 요양원에 가서 보호자를 작은엄마 이름으로 등록해 마음이 놓였다.

장판

아침 일찍 엄마에게 전화했다. 해야 할 말이 생겨서 엄마가 일을 하러 나가시기 전에 급히 전화를 걸었다.
"밀애냐? 아침 일찍 무슨 일 있니?"
"엄마, 나 어제 꿈을 꾸었는데 기분이 좀 이상해."
"무슨 꿈인데 그러니?"
나는 침착하게 그 꿈을 떠올리며 말했다.
"아빠가 꿈에 나왔어. 할머니도 나왔는데 아빠가 정말 기분이 좋아 보였어. 아빠가 할머니 방에 새로 도배도 하고 장판도 새로 다 깔았어. 내가 본 것 중에 세상에서 제일 좋은 장판이었어. 나무색이 반짝반짝 빛이 났어."
아직도 내게는 그 꿈이 생생했다. 엄마는 내 이야기를 듣고 나서 이렇게 말씀하셨다.
"할머니가 돌아가시려나 보구나."
"정말?"
'설마 그런 일이 일어날까. 내 꿈이 그렇게까지 들어맞을까. 아빠가 정말 행복해 보이셨는데. 아빠가 깔아놓은 장판은 내가 본 장판 중에 최고로 좋은 것이었어.'
매일 나는 그 꿈을 생각하며 지냈다. 아빠의 행복한 모습이 너무도 생생해서 아빠도 살아계신 것 같고 어떻게 그런 좋은 장판이 세상에 있을까 하는 생각도 했다. 그 꿈을 꾸고 난 지 일주일이 지났다. 새벽녘, 나는 강아지가 밥을 달라고 짖는 바람에 잠에서 깨어났다. 그때 전화벨이 울렸다.
'6시 47분. 이 시간에 누가 전화를 한 거지.'
작은엄마였다.

"밀애야, 방금 연락을 받았는데 할머니께서 돌아가셨대. 오늘 6시 30분에 돌아가셨대."

"네, 알겠습니다."

'내 꿈이 맞았구나. 엄마 말이 맞았구나.'

전화를 끊자마자 숨을 고르고 엄마에게 연락했다. 엄마와 통화를 하고 둘째 동생에게 전화를 걸었다. 둘째 동생이 전화를 받지 않아서 셋째 동생에게 전화를 걸었다.

"할머니께서 돌아가셨대."

"알았어, 언니."

침착하게 전화를 걸었지만 동생들에게 소식을 전할 때마다 마음이 아파왔다. 그리고 할머니께서 돌아가셨다는 것이 점점 실감이 났다.

할머니는 올해 백한 살이었다. 그래서 마음의 준비를 늘 하고 있어야 했다. 그래도 막상 할머니께서 돌아가셨다는 소식을 들으니 슬펐다. 할머니는 무려 6년이 넘게 요양원에서 사셨다. 나는 아직도 할머니께서 요양원에 살아 계시는 것처럼 느껴졌다. 남편과 함께 차를 타고 할머니가 계신 곳으로 가고 있는데 작은아빠가 전화를 하셨다.

"지금 온곡에 거의 도착을 했어. 가서 할머니 사진하고 수의를 가지고 나올 거야."

"저희가 가지러 가려고 했는데. 감사합니다."

상례원에 도착했더니 벌써 친척들이 와서 모여 있었다. 우리를 보자마자 작은엄마가 이렇게 말씀하셨다.

"상조회에 가입했으니까 걱정할 것 없어요."

"비용이 이중으로 들어가지 않을까요?"

상조회를 통해서 장례를 치르게 되면 비용이 천 단위로 든다고 알고 있던 나는 무척 걱정되었다.

"왜 비용이 이중으로 들어가니?"

"여기에도 비용을 지급해야 하고 상조회에도 비용을 지급해야 하니까요."

"내가 상조회에 전화해 볼게."

결국 두 곳에 비용을 반반씩 지불하고 장례식을 치르기로 했다. 그러자 순식간에 할머니 영정사진이 꾸며졌다. 하얀색 국화꽃들 속에서 고운 연두색 저고리를 입고 있는 할머니의 표정이 무척 새침해 보이셨다.

"내가 갔어야 하는데. 내가 가서 뵙고 했어야 하는데. 요양원에 가기 싫어서 안 갔어."

작은아빠가 영정사진 앞에 앉아서 울고 계셨다. 나는 작은아빠가 울고 계신 모습을 보고 무척 안타까웠다.

'할머니가 살아계실 때 잘해드렸어야지 돌아가시고 나서 슬퍼하면 무슨 소용이람.'

그러는 사이 손님들이 한 분 한 분 장례식장으로 들어오셨다. 나는 생각지도 못했는데 친구들이 소식을 듣고 와 주었다.

"너희들이 다 왔구나."

장례식장을 찾아준 친구는 미나와 혜수였다. 미나는 온곡에 친정집이 있어서 자주 온곡을 오갔는데 그때마다 우리 할머니께서 밭에 계시면 꼭 인사를 하고 지나갔다.

"네 친구 미나가 내가 병원에 갔다 오는데 집까지 태워다 줬어. 참 착하고 심성이 고와."

할머니께서는 항상 그 일을 이야기하시며 미나를 칭찬하셨다. 혜수는 우리 중학교 동창회 대표였는데 중학교 동창회 이름으로 화환을 보내주었다.

"온곡중 동창회에서 화환이 왔네."

"제 친구들이 보내 준 거예요."

나는 그 화환이 무척 든든하고 고마웠다.

"바쁜데 이렇게 와줘서 너무 고마워. 할머니께서 보고 계실 거야. 아까보다 할머니 표정이 밝아지신 것 같아."

할머니는 처음 보다 훨씬 밝은 표정을 짓고 계셨다.

"할머니가 참 고우셨는데."

"너희들 우리 할머니 기억나?"

"그럼. 항상 밭에서 풀을 매고 계셨지."

"응. 우리 할머니는 하루 종일 밭에서 일하고 계셨어."

우리는 할머니 모습을 추억하며 이야기 나누었다.

"조심해서 가."

친구들을 보내고 나서 앞으로 친구들에게 경조사가 있을 때마다 꼭 챙겨야겠다고 다짐했다.

"아빠가 돌아가셔서 손님들이 거의 없을 텐데."

가장 걱정을 많이 했던 부분이 손님들이 많이 없어서 장례를 어떻게 치르느냐는 것이었다. 하지만 우리의 예상과는 달리 많은 손님이 오셨다. 비록 아빠가 일찍 돌아가셨지만 잊지 않고 많은 분이 할머니 장례식장에 찾아오셔서 할머니가 가시는 길을 외롭지 않게 해드렸다.

삼일장을 치른 뒤 화장터에서 화장하고 할머니 유해

를 할아버지 산소로 모시고 갔다. 마을에 계신 어르신께서 모든 것을 진두지휘하셨다.

"여기에 삽으로 구멍을 내서 유골을 넣고 잘 덮어. 나중에 이곳에 비석도 하나 해놓고."

작은아빠가 할아버지 산소 한쪽에 삽으로 구멍을 파내었다. 그리고 그곳에 화장해서 한지에 싼 유골을 넣고 흙으로 덮었다.

"모두 한 삽씩 떠서 이곳에 뿌려."

내 차례가 되어 나도 삽으로 흙을 떠서 조심스럽게 뿌렸다. 그리고 할머니께서 좋은 곳으로 잘 가시길 빌며 기도했다.

할머니의 장례를 치르고 며칠이 지난 뒤 나는 또 꿈을 꾸었다. 할머니와 할아버지가 내 꿈에 나오셨다.

"오늘 이 할아버지하고 하룻밤을 잘 거야."

할머니께서 웃으시며 나에게 말씀하셨다. 나는 그 말을 듣고 할머니를 말렸다. 난생처음 보는 할아버지하고 같이 주무신다고 하는데 나는 그게 싫었다.

"할머니, 그 할아버지하고 안 자면 안 돼?"

"아니야. 오늘 이 할아버지하고 하룻밤만 잘 거야."

할머니는 그 말을 하면서 무척 행복해하셨다. 그리고 나는 꿈에서 깨어났다. 나는 그 꿈 내용을 엄마에게 바로 알렸다. 그러자 엄마는 나에게 이렇게 말씀하셨다.

"할머니가 할아버지를 만나서 행복하신 것 같구나. 정말 잘됐네."

할머니가 할아버지를 만나서 좋은 곳으로 가셨다고 하니 이제 더 이상 할머니 생각이 나지 않았다.

하얀색 수첩

아침부터 분주한 하루가 시작되었다. 외출하기 전에 집안일을 다 하려면 지금부터 빨리 시작해야 했다. 일어나자마자 샤워하고 어제 못해둔 빨래도 하고 애들이 밥을 다 먹고 난 후에는 설거지와 청소까지 했다. 이렇게까지 서둘러 가며 집안일에 즐거웠던 이유는 병원에 입원했을 때 거기서 만나 친해진, 이제는 내가 많이 의지하게 된 희연 언니와 유진 언니를 만나는 날이기 때문이다. 평소에 자주 연락하고 지냈지만 오늘처럼 셋이 함께 만나는 것은 정말 오랜만이다. 우리는 특별히 하는 일들은 없었지만 약속을 잡고 만나기까지 꽤 오랜 시간이 걸렸다. 사는 곳이 서로 멀다 보니 이 핑계 저 핑계로 자주 얼굴을 보기가 힘들었던 것이다. 약속을 잡으면 만나는 장소를 항상 명동공원으로 정했다. 명동공원은 여러모로 셋이 부담 없이 만나기 좋았다. 특히 무릎이 많이 안 좋아진 유진 언니가 편하게 올 수 있는 장소였다.

집 앞에서 버스를 타고 명동공원 역에서 내렸다. 버스에서 내리자마자 가방 안에서 전화벨이 울렸다. 희연 언니에게서 온 전화였다.

"어디쯤 왔니?"

"지금 막 역에서 내렸어요."

벌써 약속 장소에 도착한 희연 언니와 유진 언니가 둘이 만났다고 연락이 온 것이다.

'좀 더 서두를걸 그랬어.'

전화를 받고 나니 아직 약속 시간보다 훨씬 이른 시간이었지만 내가 조금 늦게 도착한다는 느낌이 들었다.

만나기로 한 장소로 서둘러 걸어가고 있는데 길가의 한 가게에서 세일을 하는 양말이 보였다. 검은색, 회색, 자주색 양말 3개가 한 묶음에 만 원이었다. 셋이 하나씩 신으면 좋을 것 같아 마음이 무척 설레었다.

"이거 하나 주세요."

계산을 끝내고 얼른 언니들이 있는 곳으로 갔다. 나는 거의 약속 시간에 맞게 명동공원에 도착을 했다.

"오랜만이에요. 다들 얼굴이 더 좋아졌네요."

"밀애야. 반가워. 넌 살이 빠진 것 같아."

"그래요? 몸무게는 그대로예요."

"우리 점심으로 뭐 먹을까."

"돈가스 어때요?"

"돈가스 좋지."

우리는 근처 돈가스집에 들어갔다. 이른 점심시간인데도 불구하고 손님들이 많았다. 우리는 창가 쪽에 자리를 잡고 앉았다. 나는 자리에 앉자마자 가방에서 양말을 꺼냈다.

"양말을 샀어요. 우리 셋이 하나씩 신으면 좋을 것 같아서 샀어요."

"어머. 예쁘다."

"정말 고마워."

"언니들이 먼저 양말 골라요."

"그럼 나는 자주색으로 할래."

"밀애야, 네가 먼저 고르렴."

"저는 다 좋아요."

우리들은 사이좋게 양말을 하나씩 나누어 가졌다. 점심을 먹고 밖으로 나와 근처 예쁜 커피숍에 들러 차를 마셨다. 모두 따뜻한 아메리카노를 시켰다. 이번에도 창가 쪽 자리에 앉아서 아메리카노를 마시며 이야기를 나누었다. 시럽을 넣지 않은 아메리카노 한 모금이 오늘은 무척 진하게 느껴졌다. 우리는 서로 사진도 찍어 주고 이것저것 하고 싶었던 이야기도 나누며 즐거운 시간을 보냈다.

나는 이야기를 하던 중에 갑자기 그때의 일이 생각이 났다. 유진 언니와 나는 같은 병원에 다녔는데 진료하시는 의사 선생님도 같아서 어떤 날은 진료받는 날이 겹치기도 했다. 한번은 병원 진료를 받으러 갔다가 뜻밖에 유진 언니를 만났다. 나는 대기실에 앉아 있는 언니를 보고 반갑게 인사를 했다.

"언니도 오늘 진료 받는 날이에요?"

"응. 너도 진료받는 날이구나. 원래 다음 주가 진료인데 이번 주로 예약을 앞당겼어."

"두밀애 님."

"네."

언니보다 내가 먼저 진료실에 들어갔다. 짧은 상담을 하고 나와 병원 약국에서 약을 지었다. 그리고 다시 대기실로 가 앉아서 유진 언니를 기다렸다. 시간이 꽤 지난 것 같은데 유진 언니가 여전히 진료실에서 상담하고 있었다. 그렇게 20분 정도가 더 지난 후에 유진 언니가 진료실 밖으로 나왔다.

"오래 기다렸지?"

"조금요. 언니는 상담을 정말 오래 하네요."

"상담하고 싶은 내용이 많았어."

나는 어떤 내용을 상담했는지 무척 궁금했지만 서둘러 언니가 집으로 가는 바람에 더는 물어볼 수가 없었다. 그런데 오늘 그때의 일이 떠올랐다. 그래서 유진 언니에게 이참에 궁금했던 것을 물어보기로 했다. 나는 먼저 상담 이야기를 꺼냈다.

"병원에 가서 의사 선생님과 상담을 하면요. 의사 선생님이 어떻게 지냈냐고 물어보시는데 그럴 때마다 대답을 하려고 하면 잘 생각이 안 나요. 기억력이 많이 안 좋아진 것 같아요. 언니들은 어때요? 유진 언니는 보통 30분 이상 상담을 하던데 어떻게 그렇게 할 말이 많아요?"

유진 언니가 차를 한잔 마시더니 이렇게 말을 했다.

"사실 나는 병원에 갈 때마다 수첩을 들고 가."

언니의 말을 듣고 나는 조금 놀랐다. 생각지도 못했던 답을 들었기 때문이다.

"수첩이요?"

"응. 이거야."

언니는 붉은색 가방 안에서 조그만 수첩을 꺼내 보였다. 위쪽에 스프링이 달린 손바닥 만 한 작은 하얀색 수첩이었다. 나는 언니의 수첩을 만져보았다. 표지를 넘겨보고 싶은 마음이 들었지만 물끄러미 바라보기만 했다.

"나도 줘봐."

희연 언니가 유진 언니의 수첩을 가져가더니 한 장 두 장 넘기며 훑어 읽었다. 그래서 나도 얼른 용기를 내어 말했다.

"언니, 저도 보여주세요."

나는 수첩을 들고 첫 페이지를 읽어 보았다. 수첩 안에는 연필로 꼼꼼하게 적힌 글들이 가득 쓰여 있었다. 유진 언니는 우리를 보고 살며시 미소를 지었다.

"사실 나도 무슨 일이 있었는지 잘 잊어버려. 그래서 일이 생길 때마다 이 수첩에 적어 놓곤 해. 수첩을 병원 진료 갈 때마다 들고 가서 수첩에 있는 내용을 보면서 상담을 받고 있어."

희연 언니가 궁금해하며 물었다.

"수첩에는 어떤 내용을 주로 적어요?"

"주로 약을 먹고 느끼는 부작용을 많이 적어. 요새 약을 바꾼 후로 나는 안절부절못한 느낌이 많이 들어서 그것을 적어 놨어. 뭐 대단한 것은 아니야."

나는 유진 언니의 그 말을 듣고 이렇게 말했다.

"대단한 방법인데요? 정말 좋은 방법이네요. 저도 그 방법을 써봐야겠어요. 항상 상담 시간이 짧아서 아쉬웠는데 이제는 할 말이 많아질 것 같아요."

"그래, 너도 한 번 해봐. 진료를 받을 때마다 수첩을 들고 가서 이야기하면 참 좋아. 그동안 지내면서 힘들었던 점이나 궁금했던 것을 의사 선생님과 자세히 상담할 수 있어서 말이야."

"정말 그렇겠네요."

나는 유진 언니에게 수첩을 건넸다. 유진 언니는 다시 그 수첩을 가방 안에 넣었다.

캘린더

진료를 받은 지 이제 4주가 지났다. 4주마다 약을 지으러 병원에 가는데 오늘이 바로 진료 예약이 된 날이다. 매일 약을 먹었는데도 불구하고 약봉지에 3일 치 약이 남았다. 만약 병원에 가서 진료받은 후 약의 용량이 조금이라도 바뀌면 남은 3일 치 약은 버려야 한다. 왠지 그 약을 버려야 한다고 생각하니 무척 아깝게 느껴졌다. 오늘 상담을 할 때 약을 먹고 느낀 부작용을 얘기할 것이기 때문에 약이 조금 바뀔 수도 있다는 생각이 들었다. 갑자기 약의 용량이 바뀌는 것이 나에게 좋은 일인지 의문이 든다. 남은 약이 아깝기도 하고 약이 바뀌면 또 다른 새로운 부작용이 생길 수도 있다고 생각해서였다. 예를 들면 내가 가장 걱정하는 부분이기도 한데 잠이 안 온다든가 하는 부작용이 그것이다. 되도록 약의 용량이 그대로 유지되는 것이 나에게 좋다는 생각이 들었다.

오늘 진료 예약 시각은 오전 9시 반이다. 대중교통을 이용하면 집에서 출발해서 병원에 도착하는데 1시간 반 정도가 걸렸다. 그래서 아이들이 등교하는 시각에 나도 옷을 차려입고 병원에 가기 위해 길을 나섰다. 오늘처럼 이렇게 이른 아침에 밖을 나온 것이 오랜만이어서인지 아침 공기가 더욱 상쾌하고 보이는 모든 것이 다 신선하게 다가왔다.

멀리 보이는 정류장에 벌써 사람들이 길게 줄을 서 있었다. 그 줄을 보고 이번에 오는 버스는 타지 못하겠다는 생각이 들었다. 줄을 선지 5분쯤 되었는데 버스가 왔다. 병원 예약한 시간에 맞추려면 지금 버스를 타야 했는데 다행히도 내 차례까지 버스를 탈 수 있었다. 버스에 타고 보니 그 안에 있는 그 많은 좌석이 다 차서 내가 앉을 수 있는 자리가 없는 것처럼 보였다. 사람들의 시선을 받으며 뒤쪽으로 걸어가던 중에 창가 쪽에 남은 딱 한자리를 발견했다. 내가 자리에 앉고 버스가 출발하였다. 더 이상 남은 좌석이 없었기 때문에 다음 정류장부터는 정차하지 않고 갔다. 그 덕분에 예상 시간보다 조금 더 빨리 G 역에 도착했다.

나는 버스에서 내려 전철을 타기 위해 지하로 들어갔다. 예상대로 역 안이 수많은 사람으로 붐비었다. 많은 무리의 사람들이 나처럼 전철을 타러 역방향으로 걸어갔다.

'아침 일찍 출근하는 사람들이 이렇게나 많구나. 나도 저 사람들 틈에 끼어 함께 출근을 한다면 얼마나 좋을까.'

그들의 모습이 무척 부러웠지만 아무렇지도 않은 척 바쁘게 걸어가는 사람들 속에서 나도 바쁘게 걸었다. 안내방송이 나오고 곧바로 전철이 왔지만 그 안의 꽉 찬 사람들을 보고 나니 타고 싶은 마음이 이내 사라졌다. 그래서 뒤로 물러나 다음 전철이 오기를 기다렸다. 주위에는 여전히 사람들이 많았는데 전철을 타려는 사람들도 계속해서 늘어났다. 또다시 안내방송이 나오고 생각보다 빨리 2호선 전철이 도착했다. 문이 열리고 많은 사람이 밖으로 나왔다. 타는 곳 맨 앞에 서서 전철을 기다렸던 나는 조금 서둘러 그 안으로 걸어 들어갔다. 앉을 수 있는 자리가 여러 곳 보였지만 그냥 서 있는 편이 낫겠다는 생각이 들었다. 괜히 앉았다가 자리 양보를 해야 하는 고민에 빠지기가 싫었다.

서둘러 병원에 도착하고 시계를 보니 9시 20분이었다. 다행히 진료 예약 시간에 늦지 않게 도착했다. 진료를 기다리는 사람들이 진료실 앞 대기실 의자에 앉아있었다. 나는 접수를 받는 간호사님에게 가서 얘기하고 대기실을 한번 둘러본 후 빈자리에 가서 앉았다.

'오늘은 선생님께 무슨 일에 대해 말씀드려야 할까.'

나는 여느 때처럼 진료받기 전에 대기실에 앉아서 걱정하기 시작했다. 스케줄표에 적어놓지 않았을 때는 의사 선생님과 상담할 때 내가 한 달 동안 어떻게 지내왔는지 잘 기억나지 않아서 할 말이 거의 없었다. 그래서 항상 진료실 앞에 앉아서 내 차례를 기다릴 때마다 떨렸다. 하지만 오늘은 달랐다. 유진 언니가 알려 준 대로 일주일에 두 번 정도 간략하게 있었던 일을 핸드폰 캘린더에 적어두었던 것이다. 내 핸드폰 캘린더에는 그동안 나에게 있었던 중요한 일들이 적혀있었다. 거기에는 당장 기억이 나지 않는 약 때문에 겪었던 부작용도 있었고 내가 걱정하던 일도 그대로 남아 있었다. 캘린더를 쭉 훑어보면서 4주 동안의 일들이 또렷하게 기억났다. 의사 선생님께 하고 싶었던 말도 분명하게 생각이 났다.

'이 얘기는 꼭 해야지.'

나는 더 이상 떨리지 않았다. 이제는 의사 선생님에게 해야 할 말이 생겨서 상담받는 것이 기대됐다.

오늘은 다른 날보다 유난히 대기시간이 길었다. 예약한 시간이 지났는데도 아직 내 차례가 아니었다. 생각해 보니 오늘은 의사 선생님이 오전 진료만 하시는 화요일이었다. 내 바로 앞 사람은 무려 15분가량의 상담을 하고 진료실을 나왔다.

"두밀애 님."

의사 선생님이 내 이름을 부르셨다. 나는 예약한 시간보다 20분이 지난 후에야 진료받을 수가 있었다. 노크하고 진료실에 들어갔다. 진료실 안에는 의사 선생님과 학생으로 보이는 또 한 명의 의사 선생님이 앉아 있었다. 나는 얼른 의자에 가방을 올려두고 자리를 잡고 앉았다. 의사 선생님은 책상 위에 놓인 차를 한 모금 마셨다.

보통 진료실에 들어가면 의사 선생님의 표정을 먼저 살펴보았다. 상담하러 온 사람들이 많은 오전 진료만 하는 날이어서 그런지 의사 선생님은 다른 날보다 무척 피곤해 보이셨다. 상담을 조금이라도 빨리 끝내는 게 좋겠다는 생각이 들었다. 그래서 나는 할 말만 짧게 하기로 마음먹었다.

"어떻게 지내셨어요?"

의사 선생님은 컴퓨터 앞에 앉아 자판을 두드리셨다.

"잘 지냈어요."

미소를 지으며 수줍게 대답했다.

"잠은 몇 시간 주무세요?"

잠시 생각을 해야 했다. 어제 내가 몇 시에 잤었는지 떠올려 보았다.

"어제는 11시에 자서 7시에 일어났어요. 약속이 있는 날은 그렇지 않은데 보통 약속이 없는 날은 애들이 학교를 가고 나면 낮잠을 자요. 2시간 정도 자요."

잠시 침묵이 흐르고 의사 선생님은 다시 컴퓨터 자판을 두드리셨다. 나는 그 침묵을 깨기 위해 아까 읽었던 스케줄표 내용 중 하고 싶었던 말을 조심스럽게 꺼냈다.

"올해 집 전세가 만기가 돼요. 이사를 해야 할 것 같아서 걱정이에요."

"이사를 해야 하나요?"

그 말을 들으니 이사를 해야 할지 말아야 할지 더욱 고민이 되었다.

"이사를 하고 싶지 않은데 전세보증금과 월세가 더 오를 것 같아서 걱정이에요."

"언제 만기가 되나요?"

"5월이 만기에요."

"아직 시간이 많이 남아있으니 좀 더 생각해 봅시다."

의사 선생님은 또다시 자판을 두드리셨다. 다시 침묵이 흘렀다. 나는 그 침묵을 깨기 위해 또 이렇게 말했다.

"제 왼손가락이 조금 구부려져 있어요."

"어떻게 말인가요?"

나는 책상 위에 손을 올려서 구부려 보였다.

"불편하신가요?"

"아니요. 그런데 가족들이 제가 항상 손을 구부리고 있다고 말해 주었어요. 약으로 인한 부작용인가요?"

"좀 더 지켜봅시다."

의사 선생님은 계속해서 자판을 두드리셨다. 나는 또 말을 이어나갔다.

"한 가지 여쭤볼 게 있는데요. 술을 마셔도 되나요?"
"네, 마셔도 됩니다. 다만 술 마시고 취하면 안 돼요."
'술은 취하려고 마시는 건데요.'
"좋습니다. 약은 지난번과 같아요. 4주 후에 뵐게요."
"감사합니다."

인사를 하고 자리에서 일어나 가방을 들고 진료실을 나왔다. 버스와 전철을 타고 한 시간이 넘게 걸려서 병원에 왔지만 그에 비해 상담 시간이 언제나 짧다는 느낌이 들었다. 오늘도 역시 그랬다. 어쩌면 오늘은 전보다 더욱 짧은 상담이 이루어졌지만 내가 요즘 걱정을 하는 것과 약으로 인한 부작용을 겪은 일을 의사 선생님에게 이야기하고 싶었는데 그것을 다 말해서인지 병원을 나오며 그 어느 때보다도 내 마음이 좋았다.

커피와 자몽에이드

11시 10분. 내가 먼저 명동공원에 도착했다. 여기저기서 모여드는 사람들을 보며 점점 마음이 흥분되어 그곳의 공기가 더욱 차갑고 산뜻하게 느껴졌다. 마음을 가라앉히며 주위를 둘러보고 있는데 저 멀리서 익숙한 모습의 사람이 이쪽으로 걸어왔다. 영란이었다. 그녀도 금세 나를 알아보았다.

"이게 정말 얼마 만이니?"

"잘 지냈어? 넌 얼굴이 더 좋아졌구나."

우리는 기쁨을 감추지 못하고 두 손을 맞잡았다. 이미 한 달 전에 날짜를 잡고 서로 만날 날을 기다렸다. 찬찬히 그녀를 살펴보니 그 옛날 대학교 때 모습이 얼굴에서 드러났다. 말투도 웃음소리도 어쩌면 이리 그대로일까. 어느새 우리는 대학 시절의 밀애와 영란이가 되어버렸다.

"어쩌면 이렇게 하나도 안 변했니?"

"너는 정말 그대로구나. 길에서 이러지 말고 어디 들어가서 얘기 나누자."

"곧 점심시간이니 점심을 먹으러 가는 게 어때?"

"좋아. 너 뭐 먹고 싶은 거 있어?"

"오늘 점심은 해물칼국수가 어떠니?"

"좋아. 오랜만에 명동공원에서 해물칼국수를 먹다니 정말 맛있겠는걸."

모퉁이를 돌아서 들어간 칼국수 집에는 길게 줄을 선 사람들이 자리가 날 때까지 기다리고 있었다. 다행히 아직 이른 점심시간이었던 터라 우리는 10분 정도 기다린 후에 자리를 잡고 앉을 수가 있었다. 주문하자마자 칼국수가 나왔다. 계속해서 안으로 들어오는 손님들을 보며 서둘러 칼국수를 먹었다.

"근처에 커피숍이 많던데."

"정말 많아."

칼국수 집을 나온 우리는 예쁜 커피숍을 찾아 들어갔다. 아직 우리의 수다는 시작도 안 했다.

"안녕하세요? 주문 도와드릴까요?"

점원이 우리를 보고 활짝 웃으며 말했다. 나는 영란이를 보고 물었다.

"너는 뭐 마실 거니?"

"자몽에이드로 할래."

"그럼 나는 아메리카노. 여기는 내가 살게."

결제를 하고 안을 둘러보았다. 1층에는 빈자리가 없었다. 테이블이 있는 곳곳에 사람들이 모여 앉아 이야기를 나누고 있었기 때문이다. 결국 우리는 2층으로 올라갔다. 다행히 2층에는 빈자리가 많았다. 창가 쪽에 자리한 나무 테이블 위에 진동벨을 올려놓은 후 붉은색 의자에 가방을 걸어두고 앉았다. 의자에 앉자마자 영란이가 나를 보고 말했다.

"요즘 어떻게 지내니?"

"뭐 항상 그렇지. 애들 학교 보내고 나면 동네 엄마들 만나서 차 마시고 수다도 좀 떨고 그래. 특별한 일이 없으면 낮에는 거의 잠만 자며 지내."

그녀는 살짝 한숨을 내쉬었다.

"네가 부러워. 나 정말 일 안 하고 쉬고 싶어."

그녀는 조금 지쳐 보였다. 하지만 나는 그녀의 그러한 모습조차도 좋아 보였다.

"말도 안 돼. 사람들을 만나고 학교에 출근하고 거기에 아이들도 가르치니 얼마나 좋으니?"

그동안 생각지도 못했던 것들을 생각해 내며 학교에 출근하는 것이 얼마나 좋은 일인지 그녀에게 더 많은 이야기를 늘어놓았다. 나의 말을 듣고 그녀의 생각이 바뀐 듯 보였다.

"너도 다시 시작하면 돼. 교사자격증도 있으니, 네가 마음만 먹으면 뭐든지 할 수 있잖아."

그녀의 말은 옳았다. 나도 다시 시작하면 된다. 자격증도 그대로이고 무려 10년이라는 경력도 있다. 하지만 다시 그 일을 하게 된다는 것이 이제는 무척 어색한 일이 되었고, 걱정이 되어 마음속에 걸리는 게 한둘이 아니었다. 그래서 말을 꺼내기가 더욱 조심스러웠다.

"내가 너무 오래 쉬었나 봐. 예전처럼 학교에 다니며 일을 한다는 게 자신이 없어. 어쩌면 그때 일을 하도 해서 이제는 생각하기조차 싫은 건가 싶어."

"그러지 말고 우선 학교에 원서라도 내봐. 우리 학교에도 기간제 자리가 났는데 아직 지원자가 없어. 가까이 살면 네가 와서 해주면 참 좋을 텐데 말이야."

"네가 있는 학교라면 가서 일을 해볼 만하지. 너에게 도움도 받을 수 있을 테니 멀지만 않으면 한번 원서를 내보고 싶기도 하네."

"너희 동네에도 기간제 교사 뽑는 학교가 있을 거야."

"물론이야. 정말 많이 있어. 그런데 원서를 내려고 하면 사실 여러 가지가 마음에 걸려."

그때 진동벨이 울렸다.

"내가 가져올게. 시럽은?"

"두 번 정도면 돼."

1층으로 내려간 영란이가 커피와 자몽에이드가 담긴 쟁반을 조심스럽게 들고 와 테이블 위에 올려놓았다. 나는 머그잔에 담긴 커피를 한 모금 마시고 그녀는 유리잔에 담긴 자몽에이드를 한 모금 마셨다.

"커피향이 참 좋구나. 자몽에이드는 맛이 어때?"

"달고 맛있네. 그런데 아까 네가 말한 그거 그 마음에 걸린다는 게 무엇을 말하는 거니?"

차를 한 모금 마신 후 내 마음은 아까보다 더 차분해지고 많이 편안해졌다. 찬찬히 뜨거운 커피 한 모금을 더 마시며 내 마음에 걸리는 것이 무엇인지 생각해 냈다.

"가장 크게 걸리는 건, 혹시라도 그 일을 하다가 다시 병이 재발할까봐 그래. 그건 나에게 정말 두려운 일이야. 지난번과 똑같이 입원해야 할 거고, 그 시간을 다시 견뎌내야 할 텐데 이제는 잘 해낼 자신이 없어."

"그렇구나. 그럴 수 있을 것 같아."

나를 긍정해 주는 그녀의 모습을 보며 내가 지금 생각하는 것이 무엇인지 더 말해주고 싶었다. 모든 게 대학교 때와는 다르게 느껴졌다. 항상 경쟁자였던 우리가 이제는 그런 경쟁을 생각할 필요가 없어졌다는 게 좋았다. 그녀에게 내 생각을 더 많이 전하고 싶은 마음만 들었다.

차를 마시며 계속 말을 이어나갔다.

"내가 아프기 전에는 하고 싶었지만 하지 못했던 모든 일들에 대해 후회를 많이 했었어. 그때 했더라면 얼마나 좋았을까 하는 거 있잖아."

"예를 들면?"

"예를 들자면 대학교 때 한 선배를 짝사랑했었어. 그 사람이 첫사랑이었는데 결과가 어떻든 그 당시에 내 마음을 고백했더라면 하는 후회 같은 거 말이야."

"아, 그런 거? 누구든 그런 후회 하나쯤은 있지 않을까. 나도 그런 후회를 하며 살고 있어."

그녀의 말을 듣고 나는 고개를 끄덕였다.

"내가 많이 아팠잖아. 그러고 난 다음부터는 이상하게 내가 했던 모든 일들에 대해 후회하게 됐어. 하나하나 되짚어가며 생각하고 후회를 하는 거야. 내 삶의 목표는 후회하지 않는 삶을 사는 건데 말이야. 특히 설거지할 때마다 여러 가지 생각이 나면서 후회를 많이 하게 돼."

나는 그렇게 말하고 커피를 마셨다. 시럽을 두 번이나 넣어서인지 오늘따라 커피가 더욱 달콤하게 느껴졌다.

"누구든 후회를 안 하고 살 수는 없다고 생각해. 다만 네가 힘든 일을 겪으면서 너에게 한꺼번에 많은 일들이 일어났고 그래서 더욱 후회되는 것은 아닐까 싶어."

"네 말을 듣고 보니 정말 그래. 한꺼번에 여러 가지 일들이 일어났고 그 모든 것을 혼자서 감당하기가 힘들었어. 그러니 점점 더 우울증에 빠질 수밖에 없었던 거야."

"만약 내가 그런 힘든 일을 겪고 병을 앓게 되었다 하더라도 너처럼 그렇게 빨리 이겨내지는 못했을 거야. 그 점에서 넌 정말 대단한 것 같아."

"정말 그렇게 생각해?"

"그럼, 당연하지."

그때 갑자기 생각 난 이야기가 있었다. 생각을 하면서 말하면 좋은데 나는 항상 생각이 나는 대로 다 말을 해 버렸다. 오늘도 영란이와 대화를 나누면서 그 점을 조심하려고 노력했다. 최대한 그녀의 말을 들어 주고 그에 맞는 맞장구도 치면서 대화를 이어나가려고 했다. 하지만 방금 생각난 이 말을 지금 꼭 해야겠다는 생각이 들었다.

" '지나고 나면 모든 것이 추억이 된다.' 책을 읽다가 이런 문장을 읽고 생각이 멈춘 적이 있어."

"그 문장이 참 좋구나."

그녀는 차를 한 모금 마시고 나를 바라보았다. 나도 한때는 그 문장을 정말 좋은 문장이라고 생각했다. 하지만 그렇게 좋아했던 그 문장이 이제는 의문을 가져다주었다. 이참에 그 부분을 짚고 넘어가야겠다고 생각했다.

"추억은 내게 아름다운 것인데, 정말 지나고 나면 모든 것이 나에게 추억이 될 수 있을까."

"너와의 추억이 떠오르네. 널 처음 만난 날이 생각나."

그녀는 그때의 추억에 잠긴 듯 미소를 지어 보였다. 나도 잠시 그때를 떠올리며 미소를 지었다. 대학교에서 처음 그녀를 만났고 그것은 나에게 큰 행운이었다. 모든 것이 서툴던 나를 많이 이해해 주며 도움을 준 그녀가 그저 고맙게만 느껴졌.

"지나버린 일 중에 내게 안 좋았던 모든 일들을 추억이라고 말할 수 있을까. 나는 그럴 수만은 없다고 생각해. 내게 일어난 모든 일들을 아름다운 추억이었다고 말할 수만은 없어."

나는 그때 무슨 생각이 났다. 추억이 꼭 아름다워야 한다는 법은 없다는 것이 떠올랐다.

"추억이라는 말 앞에 무언가를 붙이면 되지 않을까. 내게는 가슴 아픈 추억이 많이 남아있다, 어때?"

"정말 그러네. 그럼 그 모든 일들이 너에게 추억일 수 있겠구나."

그러자 이제 그 말이 따뜻하게 다가왔다. 그 많던 일들이 지금은 가슴 아픈 추억이겠지만 시간이 지나고 난 뒤 어쩌면 그 모든 것들이 나에게 아름다운 추억으로 기억될 수 있을 것만 같았다. 또 한 가지 그녀에게 말하고 싶은 것이 있었다.

"아프면서 한 생각이 있어. 과연 이 병에 걸린 사람들의 수명은 얼마나 될까 하는 거야. 나는 오래 살고 싶은데 이 약을 먹으면서 적어도 나는 몇 살까지 살 수 있을까. 약을 평생 먹어야 하는데 그러면 내 수명이 짧아지지 않을까. 그런 걱정을 했어."

"에이, 넌 장수할 거야. 너처럼 건강한 애가 어딨니?"

"정말 그렇게 생각해?"

"당연하지. 모든 병이 그렇듯 네 병도 의지가 중요하다고 생각해. 네가 나으려고 노력을 해야 나을 수 있는 거 아닐까? 이제 네 병은 다 나았어. 네 말처럼 평생 약을 먹으면서 지금 상태를 잘 유지하면 되는 거야. 너 스스로 관리를 또 얼마나 잘하니? 요즘은 술도 안 마신다며? 너는 나보다 더 오래 살 거야. 이제 그런 걱정은 하지도 마."

그녀가 이렇게까지 나를 생각해 주고 있다는 것이 무척 고마웠다. 무엇보다도 그녀의 말이 큰 용기를 주었다.

"어느 날 한 편의 영화를 봤어. 제목이 뭐였더라. 실존 인물을 다룬 영화인데 그 영화 속 주인공도 나와 같은 병을 앓고 있었어."

"그래?"

"응. 주인공이 나처럼 약을 먹으면서 70대 후반까지 살았어. 사실 그 영화를 보고 안심이 됐어. 심지어 나도 70세 가까이 살 수 있겠구나 하는 희망이 생겨서 기뻤어."

"그 영화가 오래된 일을 내용으로 했을 것 같은데?"

"응. 아주 오래된 일을 영화로 만든 거야."

내가 웃으며 답하자, 그녀가 진지하게 말했다.

"그럴 수밖에."

"무슨 뜻이야?"

"이제는 100세 시대니까. 그 사람이 요즘 사람이었다면 100세 이상 살았을 텐데. 넌 요즘 사람이니까 100세 이상 살아야 맞는 거고."

나는 그녀의 말을 듣고 소리내어 웃었다. 어느덧 우리의 찻잔은 빈 잔이 되었다.

"차 한 잔 더 할래?"

이렇게 헤어지는 것이 나는 못내 아쉬웠다.

"아니야. 가서 저녁 해야지."

시계를 보니 벌써 4시가 훌쩍 넘어 있었다.

"아쉽지만 어쩔 수 없구나. 우리가 근처에 살면 얼마나 좋을까."

"그러게 말이야."

서로를 보며 또 웃었다. 우린 서둘러 밖으로 나왔다.

"차는 어디에 주차했어?"

"지하 2층에. 버스 타는 곳까지 데려다줄게."

"버스 타는 곳이 걸어서 5분 거리야. 차 막힐 시간인데 운전 잘하고 조심해서 가."

"응, 밀애야. 너도 조심해서 가. 또 만나자."

우리는 다음을 기약하며 짧은 인사를 나눴다.

편집자의 말

'두밀애'라는 원고를 처음 읽었을 때가 떠오릅니다. 커다란 사건이 있는 소설도 아닌데 읽으면서 이따금 숨이 조이는 것 같았습니다. 학교, 집, 병원, 카페 정도를 오갈 뿐이었지만 밀애의 뒷모습을 쫓는 일은 그다지 쉽지 않았어요. 어디서 웃어야 할지, 여기서 슬픈 게 맞는지 엉거주춤할 때도 있었죠. 이렇게나 이상한 긴장감이라니.

작고 어린 두밀애, 엄마를 좋아하는 두밀애, 칭찬을 받으면 더 잘하려고 노력하는 두밀애, 어른들의 눈치를 보는 두밀애, 예민하고 솔직한 두밀애, 수줍고 말수 적은 두밀애, 잠을 못자고 많이 우는 두밀애…. 나와 비슷한 사람, 두밀애가 겪은 일들은 사실 그다지 특별한 일이 아닙니다. 그러나 일상에서의 아픔이 켜켜이 쌓여 밀애는 결국 조울증을 앓게 됩니다. 조금씩 버거웠던 일상의 밀물과 썰물을 더 이상 이겨낼 수 없을 때 보내는 몸의 신호. 이렇게 우리는 「두밀애-조와 울의 가만한 기록」을 읽으며 한 사람의 몸과 마음을 덮치는 병이 어떻게 오는지 목격하게 됩니다. 앞서 말한 긴장감의 실체는 바로 단정한 문장 속에 숨어있는 조와 울의 낙차였습니다.

유지이 작가는 조울병을 겪으며 책을 읽을 수 없게 되었지만, 자신이 쓴 것은 읽을 수 있어 글을 쓰기 시작했습니다. 그리고 몇 년 동안 고쳐 쓰며 글쓰기가 주는 위로와 치유의 힘을 느꼈다고 합니다. 더욱이 자신의 이야기를 재구성하는 과정에서 '밀애'라는 이름을 가져와 화자 자신과 거리감을 둔 점이 인상적인데요. 힘들고 어려웠던 자신의 이야기를 쓰고 싶은 분들이라면 참고할 만한 좋은 방법입니다.

글은 아는 것만으로, 의욕만으로 써지지 않습니다. 나의 이야기, 특히 아픔을 쓰는 것은 매우 고단한 작업이지요. 그러나 용감한 두밀애, 기억 때문에 아팠지만 기억을 쓰면서 살아난 두밀애, 글을 쓰고 그림을 그리는 두밀애가 여기 있습니다. 그런 의미에서 이 책 「두밀애 - 조와 울의 가만한 기록」은 자기와의 끈질긴 싸움과 용기로 태어난 문장들로 만든 훈장입니다. 지워지지 않는 기억과 흔적을 깊이 품고 있는 독자들과 함께 읽고 싶습니다.

밀애의 엉뚱함을 좋아하는 편집자 엄유주

독자의 말

"'지나고 나면 모든 것이 추억이 된다.' 책을 읽다가 이런 문장을 읽고 생각이 멈춘 적이 있어."

주인공 밀애가 친구 영란이와 카페에서 나누던 대화가 이 책 전체를 관통하는 느낌을 받았습니다. 어린 시절부터 혼인 후 할머니의 손녀로서, 부모의 자녀로서, 두 아들의 엄마로서, 교사로서, 여러 명의 친구로서, 치료를 받는 환자로서 겪는 수많은 일을 겪은 밀애… 「두밀애-조와 울의 가만한 기록」에 등장하는 소소한 사건들의 전개에 나의 유년기부터 지나온 모든 시간이 이입됨을 느꼈습니다. 밀애와 함께 마음 졸이고, 함께 웃고, 함께 뭉클해하며 어느새 추억이 돼버린 나의 지난 이야기들을 마음속에 써 내려가며 사색에 잠기곤 했습니다.

작가의 따스하고 여린 마음과 기억들이 주인공 밀애를 통해 섬세하고 온화한 에세이처럼 그려진 것 같아 더욱 공감됩니다. 또한 본인의 첫 작품을 통해 스스로 치유하고 더 성장하기를 기도드립니다.

"응. 밀애야. 너도 조심해서 가. 또 만나자."

영란이 밀애와 헤어지며 마지막 인사를 나누었듯, 나도 밀애에게 같은 인사를 나누며 다음 작품에서 밀애를 다시 만날 수 있기를 기대해 봅니다.

성라자로마을 원장 한영기 바오로 신부

삽화가의 말

나는 밀애의 첫째 아들이지만 밀애에 대해 잘 알지 못했다. 할머니와 할아버지가 이혼하시게 된 계기, 밀애와 동생들이 따로 지냈던 것도 몰랐다. 아빠와 엄마가 어떻게 만났고 어떤 연애를 했는지 알게 되었다. 내가 어렸을 때 엄마가 입원했다고 듣지 못하고 요리학원에서 수업을 듣고 있다고 아빠한테 들었다. 그래서 엄마가 아픈 것을 몰랐다. 마치 엄마의 일기장을 훔쳐본 느낌이다. 내가 어렸을 때 겪었던 일들을 잊고 살았는데 밀애를 읽고 나서 기억이 났다.

엄마는 비밀이 아주 많다. 내가 알고 있는 사건 중에 책 내용에서는 그 사건들을 깊게 다루지 않았다. 겉핥기 느낌을 받았다. 내가 모르는 사건들도 깊게 다루지 않았을 것이라 생각한다. 엄마의 과거도 전부 파헤쳐보고 싶다. 2편이 나오길 기대하며, 엄마 사랑해.

밀애의 이야기를 그린 첫째 아들

두밀애

조와 울의 가만한 기록

글	유지이
삽화	밀애의 첫째 아들
디자인	도토리워크

펴낸 날	2024년 3월 28일

펴낸 곳	열매문고
펴낸 이	엄유주
출판등록	2020년 2월 5일 제446-2020-000003
주소	충북 괴산군 청천면 삼송1길
전화번호	0507-1392-0536
이메일	myrecordbooks@naver.com
인스타그램	@my.record.books

ⓒ 2024 유지이

ISBN 979-11-970674-9-5 (03810)

이 책의 판권은 지은이와 열매문고에 있습니다.
저작권법에 의해 보호를 받는 저작물이므로 무단 전재와 무단 복제를 금합니다.
잘못된 책은 바꾸어 드립니다.